AF155051

.

Désirée **Weissenfeld**

MEIN ABENTEUER ALS PFLEGEASSISTENTIN IN EINEM SENIORENHEIM

Kurzgeschichten zum Schmunzeln und Nachdenken

novum ▪ pro

Bibliografische Information
der Deutschen Nationalbibliothek:

Die Deutsche Nationalbibliothek
verzeichnet diese Publikation in
der Deutschen Nationalbibliografie.
Detaillierte bibliografische Daten
sind im Internet über
http://www.d-nb.de abrufbar.

Gedruckt in der Europäischen Union
auf umweltfreundlichem, chlor- und
säurefrei gebleichtem Papier.

© 2024 novum Verlag

ISBN 978-3-99146-971-1
Lektorat: Lektorat KL
Umschlag- & Innenabbildungen:
Désirée Weissenfeld
Umschlaggestaltung, Layout & Satz:
Désirée Weissenfeld

www.novumverlag.com

Druckprodukt mit finanziellem
Klimabeitrag
ClimatePartner.com/16547-2311-1001

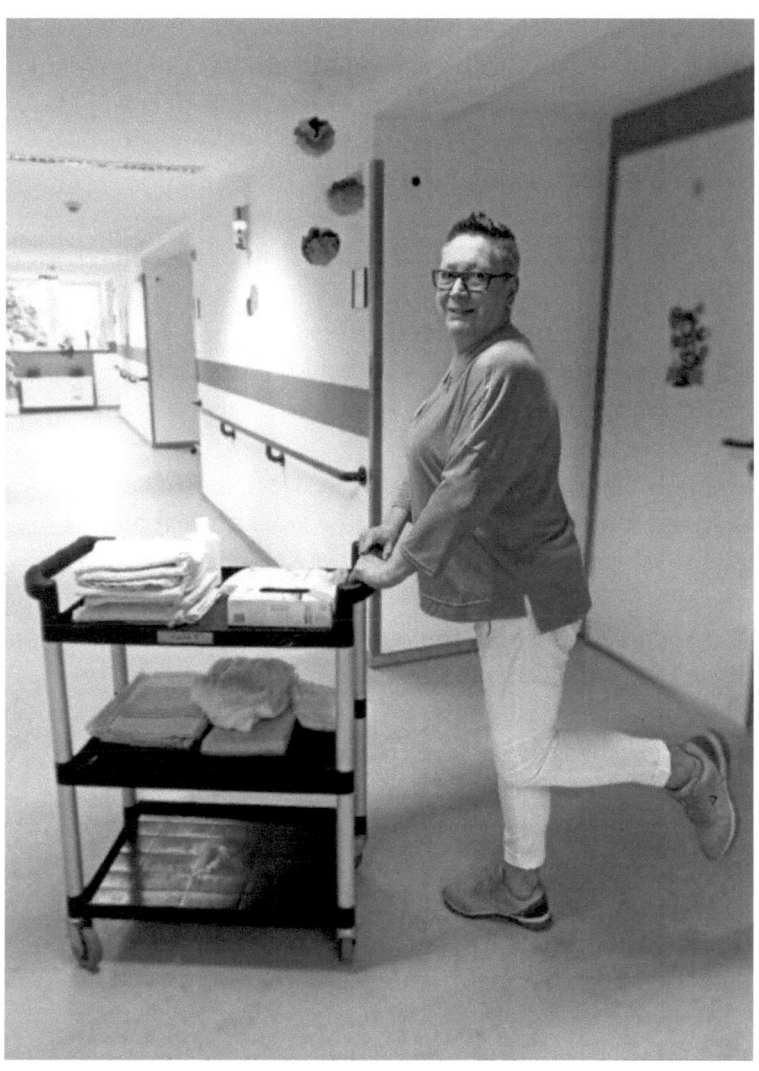

Vorwort

Hallo, liebe Leser*innen,
mein Name ist Désirée und ich arbeite
seit 9 Jahren als Pflegeassistentin in einem Seniorenheim
auf Station Blau. Zur Erklärung: Bei uns im Haus ist jede
Station farblich gekennzeichnet.
Es war mal wieder eine Frühschicht, in der man
Rollschuhe gebraucht hätte.
Nächster Bewohner, *ach ja, da muss ich auch noch hin*
(Klingel)
(mit Rollschuhen wäre ich schneller).
Ich lief an einer Kollegin vorbei und meinte zu ihr:
„Echt, ich könnte ein Buch über unseren stressigen
Beruf schreiben."
Meine Kollegin meinte nur: „Mach, Desi, mach."
Zuhause angekommen, natürlich wieder einmal platt,
dachte ich über die Aussage meiner Kollegin nach.

Am Abend erzählte ich meinem Mann die Story.
Mein Mann meinte nur: „Schreib, mein Schatz,
wird dir guttun."
Am anderen Tag hatte mein Mann alles besorgt, was ich
zum Schreiben eines Buches brauchte.
Danke, mein Schatz, für die Unterstützung.
Ich setzte mich in unser Esszimmer und fing an zu
schreiben.
Ich darf euch nun mitnehmen auf eine Reise durch die
tägliche Pflege in einem Seniorenheim.

Viel Spaß,
Eure Désirée.

Inhaltsverzeichnis

Schweeeester

(Unsere liebe Polin)

Eine Bewohnerin, fast 100, Polin, laufender Meter, schlank.
Sie hat Power ohne Ende, in der Grundpflege zählt sie dich aus.
So, jetzt brauchst du Geduld. Sie beschimpft dich auf Polnisch.
Jetzt heißt es ruhig bleiben, hab ja ganz viel Empathie.
Plötzlich sieht sie bei der Grundpflege auf ihrem
Körper überall Tabletten.
„Schwester, überall Tabletten." Sofort nehme ich ein Handtuch,
reibe die Tabletten weg und es geht ihr gut.

Dann endlich, nach weiteren polnischen Meldungen, ist meine
Polin fertig und ich kann mich zur nächsten Bewohnerin begeben.
Nein, doch nicht. Das Beste kommt jetzt, es treibt mich leicht in
den Wahnsinn, wenn meine Polin dann anfängt zu schreien:
„Schweeeeester, Schweeeeester", und das im Sekundentakt.
Sie schreit so laut, man hört es im ganzen Haus.
Ich muss rennen, ja rennen, sonst wirst du irre.
Was will sie? Ich bin da.
„Schweeeeester, <u>ins</u> Klo" und ich bring sie <u>aufs</u> Klo.

Da sitzt sie nun und man hört immer wieder: „Itschie, itschie."
Wir wissen bis heute nicht, was das bedeutet. Dann wieder
„Schweeeeester, okay, Klo fertig." Ich renne, runter vom Klo. Nach
der ganzen Aktion ist sie einfach nur zuckersüß, schaut mich an
und sagt: „Schwester, scheene Bluse."
Zur Erklärung: Ich liebe bunte Blusen und meine Polin wohl auch.

Ich feiere meine Polin, sie treibt mich leicht in den Wahnsinn und
sie bringt mich oft zum Lachen.

Ich liebe meinen Beruf.

Am Anfang ein Chaot

Nach den Jahren bin ich in die Pflege hineingewachsen.
Personal kommt und geht, ich bin immer noch da.
Irgendwie hat es sich ergeben, dass ich alle neuen
Bewerber*innen für den Pflegeassistenten eingearbeitet habe
(meine Chefin meint, ich könnte das). Einige bekamen ein O. K.,
einige ein No.

Dann, eines Tages, stand ein junger Mann vor mir (17 Jahre alt)
und wollte in der Pflege arbeiten (ohne Vorkenntnisse).
Also, das heißt für mich: Ärmel hochkrempeln, auf geht es.
Mir war von Anfang an klar, das wird ein harter Kampf mit ihm.
Ich merkte, er war sehr zurückhaltend und schien
Angst vor mir zu haben, aber aufgeben gibt es bei mir nicht.
Mit viel Kommunikation und Empathie knackte ich ihn.
Auf einmal hatte er Empathie für die Bewohner*innen.
Ah, hab ich mir gedacht, der könnte mal ein guter Pfleger werden.
Mein Schützling brauchte schon einige Zeit, bis ich ihn in der
Pflege dahin gebracht habe, wo er heute angekommen ist.
Oh mein Gott, was hab ich den Jungen auf der Station gejagt
(armer Junge).
Mein Schützling taute langsam immer mehr bei mir auf.
Ich habe mir auch oft Zeit genommen, mit ihm zu
reden, reden, reden. Nun fing es an, dass wir zusammen viel Spaß
hatten. Er schien sich zu freuen, wenn wir zusammen Dienst
hatten. Mir ging es auch so, ich konnte ihm mit Spaß und Freude
noch vieles beibringen. Heute ist er ein lebensfroher, fleißiger,
empathischer und toller Kollege.

Danke, mein Junge, was aus dir geworden ist.
Einen kleinen Stolz gönn ich mir auch.

Ich liebe meinen Beruf.

Quietsch, quietsch

Eine Bewohnerin, leider lebt sie nicht mehr, hat mich zum Lachen und in den Wahnsinn gebracht.

Sie trug den ganzen Tag ein Nachthemd und ihre so reizvolle Unterhose blitzte dezent unter dem Nachthemd hervor.
Tolles Bild.

Morgens um 5.30 Uhr kommt sie mit ihrem Rollator
(gehörte definitiv ins Museum, man hört ihn, quietsch, quietsch)
ins Schwesternzimmer und will ein Klistier (ein Medikament, das man rektal einführt um besser zu k..., Stuhlgang zu haben).
Ich weiß nicht, wie oft wir ihr erklärt haben, sie möchte doch bitte in ihr Zimmer gehen, wir kämen gleich. Nein, nein, nein,
sie bleibt, hört nicht auf und will ihr Klistier. Was jetzt? Okay, sie bekommt ihr Klistier und geht. Ah, Gott sei Dank, endlich Ruhe.
Danach mussten wir alle lachen, ihr Erscheinungsbild war einfach nur zuckersüß.
So, der Frühstückswagen ist da und wen hören wir?
Den antiken Rollator mit Anhang. Sie hängt mit dem Kopf im Frühstückswagen und sucht ihr Frühstück.
„Gehen Sie in Ihr Zimmer!"
Keine Chance, wir suchen in den 30 Tabletts ihr Frühstück und gaben es ihr. Toll, weiterarbeiten.
Ach so, ich gab ihr den Spitznamen Quietschi, man sah sie nicht, man hörte sie, da kommt wieder Quietschi.
Sie war eine Bewohnerin, die ich heute noch vermisse.
Sie wusste mit 100 Jahren, was sie wollte, und hat immer
alles bekommen. So sollte es auch sein, Bewohner*innen glücklich zu machen. Ich hatte trotz allen Stresses sehr viel Empathie für Quietschi. Quietschi, wir vermissen dich.

Ich liebe meinen Beruf.

Die gute Seele an der Rezeption

Es ist jetzt 15.00 Uhr und ich sitze nun an der vierten Geschichte.
Bin gerade zuhause, die heutige Schicht war wieder
der ultimative Wahnsinn.
Ich schreibe jetzt über eine Kollegin, sie ist die gute Seele im Haus.
Sie kümmert sich um das Inkontinenz-Material von 100
Bewohner*innen, nimmt alle Telefonate an der Rezeption an,
macht die Bestellungen für Inko-Material, macht die Bestellung
für unsere Putzperlen und sie kümmert sich um die Begleitung
zum Arzttermin für die Bewohner*innen (die können das
natürlich nicht alleine).
Sie ist die Seele, die im ganzen Hause herumwirbelt und
sensationell ist, sie hat immer gut Laune.

Ihr Telefon geht im Sekundentakt
(Sorry, meine Gute, hab mal eine Frage).
Sie verteilt auch für die 100 Bewohner*innen die
Wäsche in ihre Schränke.
Sie ist nicht in der Pflege, aber ich arbeite viel mit ihr zusammen,
da ich neben der Pflege noch Inko-Beauftragte bin.

Jedes Pflegeheim/Seniorenheim braucht so einen tollen
Menschen wie meine Kollegin.
Für jeden Furz rufen wir bei ihr an, kannst du für uns …
organisieren, dies und das, zur Antwort bekommen wir:
„NATÜRLICH!" Danke, dass es Dich gibt.

Ich liebe meinen Beruf.

Mein erster Mann in der Pflege

Wie bin ich vor 9 Jahren ohne Vorkenntnisse in die Pflege gekommen?

Dank meines Mannes.
Ich hatte eine ältere Dame privat gepflegt und wir stellten fest, dass es mir viel Freude bereitete, dieser Dame zu helfen.
Mein Mann sagte, er könne sich vorstellen, dass ich in der Pflege glücklich werden könnte. Na toll, da bin ich nun, hahaha.

Ich hatte natürlich nicht darüber nachgedacht,
dass ich auch männliche Bewohner*innen pflegen musste (Intimbereich). Der erste Bewohner hat mich viel Überwindung gekostet. Da war er nun, der erste männliche Bewohner, also los geht es. Ich glaube, ich habe ihn während der Grundpflege zugetextet, vor lauter Angst und Scham.
Der Bewohner schien es zu merken, dass es mir dabei nicht gut ging, da sagte er zu mir:
„Mädchen, ich bin eine arme Sau, der sich nicht mehr allein versorgen kann. Mädchen, glaub mir, ich würde es gerne alleine können."
Mir schossen die Tränen in die Augen.
Nach dieser Grundversorgung machte es klick in meinem Kopf und mir wurde klar, egal ob Mann oder Frau, sie alle brauchen unsere Hilfe, mit ganz viel Empathie.

Der Bewohner lebt nicht mehr, ist jetzt im Himmel und schaut auf mich runter: „Mädchen, du schaffst das" (davon bin ich überzeugt).

Danke, guter Mann, du hast mir die Angst genommen.

Ich liebe meinen Beruf.

Inkontinenz

Das Wort Inkontinenz habt ihr bestimmt schon mal gehört.
Wie schon erwähnt, bin ich für meine/unsere Station
Inko-Beauftragte (mit ganzem Herzen).

Inko heißt ja Inkontinenz. Ihr könnt es vergleichen mit einer
Windel, die ein Baby angelegt bekommt.
Wir nennen es natürlich bei den Bewohner*innen
nicht Windeln, sondern Inkontinenz-Material
(sind ja keine Babys).

Wenn wir eine*n neue*n Bewohner*in bekommen, suche ich das
Gespräch mit ihr/ihm, muss nun erfassen, inwieweit der*die
Bewohner*in inkontinent ist. Das Gespräch strengt mich sehr an,
weil es um den Intimbereich geht und ich weiß noch nicht, wie
der*die Bewohner*in tickt. Ich muss mir für diese Gespräche viel
Zeit nehmen und mich mit dem*der Bewohner*in auf Augenhöhe
unterhalten (aus Respekt gegenüber dem Bewohner).

Ihr müsst euch vorstellen, dieser Mensch ist fremd in der
Einrichtung, kennt niemanden, ist unsicher und weiß nicht, was
jetzt alles passiert. Jetzt komme ich mit Inko.

Meistens gehen diese Gespräche gut, manchmal nicht,
dann breche ich ab und gebe dem*der neuen Bewohner*in Zeit
zum Nachdenken, oft mit Erfolg.

Ohne meine Pflegekolleg*innen könnte ich diesen Job nur schwer
ausüben, denn jede Info von ihnen hilft mir die richtige
Entscheidung und das richtige Inkontinenz-Material einzusetzen.

Vielen Dank für die gute Zusammenarbeit, ihr Lieben.

Ich liebe meinen Beruf.

Klingel, Klingel, Klingel

So, es ist jetzt, ich schaue auf die Uhr,
13.00 Uhr, ich bin zu Hause, ganz schön kaputt.

Der Frühdienst war der Knaller.
Klingel hier, Klingel da, und das seit 5.30 Uhr.
Also laufe ich mit dem Nachtdienst
(der hat nochbis 6.30 Uhr Dienst).
Da ich immer etwas früher komme, helfe ich dem Nachtdienst.

Gehe nun zu einer Bewohnerin, die klingelt immer weiter.
Ich klopfe vorsichtig an, gehe rein: „Guten Morgen."
Sie schaut mich mit großen Augen an und sagt:
„Kannst du mich duschen?"

Hä, denke ich, *6.00 Uhr?*
„Nein, meine Liebe, habe noch Übergabe vom
Nachtdienst zum Frühdienst."
Ich setze mich neben sie aufs Bett und erkläre ihr mit ruhigen
Worten, dass es noch zu früh ist, um zu duschen.
„Schlafen Sie noch etwas." Sie schaut mich weiter an, hält meine
Hand immer noch fest und sagt:
„Du kommst doch gleich zu mir, du vergisst mich nicht."

Ich verspreche ihr, sobald ich Zeit habe, komme ich wieder.
Ich verabschiede mich mit den Worten: „Bis gleich, meine Gute."
Sie lächelt, lässt meine Hand los und ich gehe.

Im Schwesternzimmer angekommen klingelt sie wieder.
Also zurück, noch einmal rein und sie noch einmal mit viel
Empathie beruhigen. Sie bedankt sich und ich kann wieder gehen.

So zog sich die Klingel wie ein roter Faden durch den ganzen Frühdienst.

Ich liebe meinen Beruf.

Corona

Da ist ja noch etwas, was ich schreiben muss.
Betrifft keinen Bewohner alleine, sondern alle
Bewohner dieser Erde.

CORONA. Was ist das, dachten wir zuerst. Dann kam aber die
Zeit, in der wir richtig Angst bekamen.

Als die ersten Coronafälle in unserer Stadt gemeldet wurden,
bekamen wir vom Gesundheitsamt in unserem Haus sofort
Auflagen.
Coronatests wurden geliefert, es wurde regelmäßig getestet.
Wir mussten uns auch testen, Mund auf, Stäbchen bis zu den
Mandeln rein (würg), Stäbchen in die Nase (fast bis zum Gehirn).
Dabei denkst du: „He, ich glaube, ich bin im falschen Film."
Ein paar Minuten warten, Ergebnis negativ
(6 Richtige im Lotto), so, Frühschicht überstanden.

Der nächste Tag, Frühschicht.
Ich komme auf Station, was sehe ich?
Vor 5 Bewohnerzimmern eine Coronastation aufgebaut
(Schutzkleidung, Handschuhe, Desinfektion, Schutzbrille,
u. v. m.).

Jetzt wird mir bewusst, die Sch... geht bei uns auch los.
Ihr müsst bedenken, wir haben Bewohner*innen, die gehen auf
die 100 zu, haben Vorerkrankungen, wenig Abwehrstoffe, ganz
zu schweigen von dem, was ich nicht aufzählen möchte.

Teambesprechung, jetzt wird eine Strategie erarbeitet.
Hygiene hat jetzt höchste Priorität, um weitere Ausbrüche
zu vermeiden und um uns zu schützen.
Auf geht es, die erste Bewohnerin mit Corona klingelt.

Ich verpacke und vermumme mich vor dem Zimmer.
Mundschutz, Schutzbrille, Haarnetz, Handschuhe
bis zum Ellenbogen. Ich sehe aus wie ein Außerirdischer.
Ich denke: *Armer Bewohner, wenn der mich jetzt so sieht.*
Ich gehe rein: „Guten Morgen, liebe Frau …"
Sie schaut mich mit großen Augen erschrocken an.
Ich versuche mit warmen Worten ihr die Situation
zu erklären. Ich weiß bis heute nicht, ob sie es verstanden hat,
was ich ihr versuchte zu erklären (Bewohnerin fertig).
Jetzt wieder alles ausziehen, entsorgen, desinfizieren.
Nächste Coronaklingel. Anziehen, vermummen, Bewohner*in
versorgen. Ich schwitze, ich leide mit den Bewohner*innen, mir
geht es nicht gut.
Viele meiner Bewohner*innen leiden, husten, haben Fieber,
Atemnot, Angst. Wir, das Pflegepersonal, versuchen das Beste
für unsere Bewohner*innen, sie zu beruhigen, sie zu versorgen,
sie zu pflegen.
Mittlerweile sind alle Stationen von Corona betroffen.
Unser Seniorenheim steht ab sofort unter Quarantäne.
Keiner darf mehr das Zimmer verlassen.
Versorgung, Verpflegung, alles nur noch in Schutzkleidung.
Die Bewohner*innen leiden, keine Angehörigen dürfen zu ihnen.
Teilweise verstehen die Bewohner*innen nicht, was Corona ist,
Sie vereinsamen in ihrem Zimmer (grausam).
Wir rutschen auf den Kniescheiben in den Feierabend.

Nächster Tag, das ganze Personal, Früh-, Spät-, Nachtschicht,
leidet mit den Bewohner*innen. Es fließen Tränen auf der Arbeit,
auch nach Feierabend zu Hause. Wir mussten erleben, wie ein
Bewohner langsam von uns ging, wir waren hilflos. Wir hatten
alles versucht, dem Bewohner zu helfen. Grausam, Corona, du
Ar..., was machst du mit uns Menschen?

Gut, es ist jetzt vorbei (hoffentlich nur noch ein Virus, den wir im
Griff haben), den Bewohner*innen geht es wieder gut, Angehörige
kommen wieder, Veranstaltungen laufen wieder. Mehr als vorher,

wir sind sehr froh, unsere Bewohner*innen wieder verwöhnen zu können. Vielen Dank an alle Kollegen*innen für diese aufopferungsvolle Arbeit, wir haben alle gezeigt, wie gut es ist, zusammenzuhalten. Danke auch dem Betreuungsdienst, der uns gut unterstützt hat.

Ich liebe meinen Beruf.

Letzter Wunsch eines Bewohners

Ein Bewohner, leider ist er nicht mehr unter uns. Er hieß Peter.
Er war eine coole Socke, das Personal hat ihn gefeiert.
Seine Mahlzeiten wollte er immer im Zimmer zu sich nehmen.
Im Laufe des Tages kam er zu uns ans Schwesternzimmer,
um zu sehen, was abgeht.
Da ich immer gute Laune habe und zu einem Spaß aufgelegt bin,
und er mal wieder bei uns auftauchte, bat ich Peter,
mich mit seinem Rollator zur Küche zu fahren.
Er war einverstanden, ich setzte mich auf seinen Rollator
und auf dem Weg zur Küche haben wir viel gelacht.
Eh, glaubt mir, der Weg zur Küche war für Peter ganz schön weit
und anstrengend (bin ja keine Barbie mit Größe 34).
Egal, Peter hatte richtig viel Spaß mit mir.

Dann kam der Tag. Wir wussten es, Peter wird von uns gehen.
Eine Kollegin und ich, wir verstehen uns sehr gut, hatten
zusammen Frühdienst und Peter in der Pflege.
Während der Pflege sagte Peter: „He, Mädels, habe Bock
mit euch beiden ein kaltes Kölsch zu trinken."
Ich schaute meine Kollegin an und sagte zu ihr:
„Was machen wir jetzt?"
Ganz klar, wir werden Peter den Wunsch erfüllen.
Ab in die Küche, 3 Gläser und ein kaltes Kölsch.
Dann haben wir Peter seinen Wunsch erfüllt, PROST, PETER.

Hoffentlich riecht keiner, dass wir ein Kölsch getrunken haben.
Egal, wir haben Peter seinen letzten Wunsch erfüllt.
Kurze Zeit später ist er von uns gegangen.

Fazit für mich ist, dass man in der Pflege mit einem*einer
Bewohner*in ausbrechen und auch einmal Blödsinn machen darf.

Ich liebe meinen Beruf.

Die Verwechslung

Die nächste Geschichte, die ich euch erzählen möchte,
stammt aus meiner Anfangszeit als Pflegeassistentin.
Spätdienst.
Wir hatten eine Bewohnerin, sie wollte nur mit
„Fräulein" angesprochen werden.
Sie war klein und korpulent.
Ihre Zimmernachbarin war auch klein, nicht so korpulent.
Beide im Rollstuhl, beide demenziell verändert.

17.00 Uhr, Abendbrot für alle Bewohner*innen.
Satt, jetzt ging es los, alle wollten zur gleichen Zeit ins Bett.
„Ins Bett", riefen 10 Bewohner*innen gleichzeitig.
Fräulein rief: „Ins Bett!" Ihre Nachbarin wollte auch ins Bett.
Okay, erst Fräulein, dachte ich mir.
Ich fuhr Fräulein in ihrem Rollstuhl ins Zimmer.
Jetzt abendliche Pflege.
Ausziehen, frisch machen, eincremen, Nachthemd anziehen.
Komisch, Nachthemd von Fräulein seeeehr eng,
gestern passte es noch.
Okay, weiter, Zahnprothese in die Dose, fertig.
Geschafft, gute Nacht meine Liebe. So, der Nächste.
Fräuleins Nachbarin gab keine Ruhe. Okay, sie ist die nächste.
Das gleiche Prozedere, ausziehen, frisch machen usw.

Komisch, was geht denn hier ab, wieso ist ihr Nachthemd zu groß?
Egal, weiter machen, fertig, ab ins Bett. Gute Nacht, meine Liebe.
Feierabend, wünsche dem Nachtdienst eine ruhige Nacht,
bis morgen früh.
Am nächsten Morgen komme ich ins Schwesternzimmer.
Meine Kollegen fingen laut an zu lachen, als sie mich sahen.
He, was geht, Leute?
Um das ganze abzukürzen:

Der Nachtdienst stellte fest, dass Fräulein nicht in ihrem Bett lag und ihre Nachbarin lag auch nicht in ihrem Bett.

Ok, deswegen passten auch die Nachthemden nicht.

Oje, jetzt schossen mir die Prothesen und die falschen Zahnbürsten in den Kopf.

Alles gut, Bewohner*innen wurden umgelegt, jetzt musste ich auch lachen.

So, ihr lieben Leser, kein Mensch ist perfekt, Fehler werden gemacht.

Ich liebe meinen Beruf.

Die Chefs

Hallo, meine lieben Leser*innen!
Ich werde euch jetzt in die Chefetage unseres Hauses entführen.
Da gibt es zum Ersten den Heimleiter, die Personaldienstleiterin,
die Pflegemanagerin und die Wohnbereichsleiterin.

Fangen wir mal mit dem Heimleiter an.
Männlich, groß, schlank. Er hat die größte Verantwortung
für unser Seniorenheim. Er kann Abmahnungen aussprechen, er
kann kündigen. Er tut dieses sehr selten, er hat eine sehr
professionelle Einstellung.
Er versucht immer eine Lösung für sich und sein Personal zu
finden. Er ist ein sehr familienbezogener Mensch und das merken
wir als Personal: Wenn wir ein Problem haben, hat er immer ein
offenes Ohr für seine Mitarbeiter. (Danke, Chef.)

Weiter geht es mit der Personaldienstleiterin.
Eine kleine, quirlige Persönlichkeit, immer gut gelaunt,
kann aber auch viel Durchsetzungsvermögen zeigen.
Ihre Bürotür ist immer für uns offen.
Ihre Aufgaben sind: Neues Personal ermitteln, qualifizierte
Mitarbeiter finden und auswählen, weiterbildende Maßnahmen
koordinieren und das Allerschlimmste:
Dienst- und Urlaubspläne organisieren (was für eine miese
Aufgabe, ein Wunschkonzert nach dem anderen).

Weiter geht es mit der Pflegemanagerin.
Ihre Aufgabe ist es, pflegerische und therapeutische
Maßnahmen zu erstellen und Arbeitspläne für die lückenlose
Dokumentation aller Pflegeabläufe zu erstellen
(auch ein Job, der mich nicht reizen würde).
Dann gibt es noch die Wohnbereichsleiterin,

die ebenfalls meine Chefin ist, sie ist die erste Chefin auf meiner Station (Sie ist eine coole Socke, zu ihr komme ich später).
Danke, dass es euch alle gibt.
Heimleiter, Personaldienstleiterin, Pflegeleiterin, Wohnbereichsleiterin.
Ohne euch läuft kein Seniorenheim.
Mein Job ist teilweise schon eine Herausforderung, aber euer Job? Nee, ist nichts für mich.

Ich liebe meinen Beruf.

Warum musste er so früh gehen?

He Leute, ich muss ein paar Zeilen über einen Bewohner schreiben, der eigentlich zu jung für ein Seniorenheim ist.

Er war nicht mehr in der Lage, sich selber zu versorgen, er lebte vom Sozialamt und das Amt bezahlte seine Unterbringung. He, Leute, macht nie einen Unterschied zwischen Normalo und jemandem, der nichts hat. Für die Pflege und Hilfe sind alle Menschen gleich, ob arm, ob reich.

Er bekam von uns jeden Wunsch erfüllt. Ihn in der Pflege zu haben war für mich manchmal nicht einfach, weil er halt noch so jung war (auch meinen Kolleg*innen ging es so). Zu dieser Zeit hatten wir auf unserer Station noch keinen männlichen Kollegen (was wir uns gewünscht hätten).

Seine Freundin war eine sehr nette Frau. Sie hat uns in der Pflege oft einige Arbeiten abgenommen, worüber wir sehr froh und dankbar waren.

So gingen 5 Jahre ins Land. Er verließ sein Zimmer nur mit seiner Freundin, aber darüber waren wir sehr froh, damit er mal etwas anderes als sein Zimmer sah.

Spätdienst. Unserem Bewohner ging es so weit gut. Aber irgendwie hatte ich den Eindruck, mit ihm stimmt etwas nicht. Nächster Tag, Frühdienst. Ich hatte ihn in der Grundpflege. Heute sah mein Bewohner schlechter als gestern aus, also Vitalwerte messen, das heißt Blutdruck, Blutzucker, Fieber und Sauerstoffwerte messen.

Sauerstoff nur noch bei 70 (100 idealer Wert).
Wir wollten gerade den Notarzt rufen, da erbrach unser
Bewohner etwas, was ich euch nicht näher beschreiben möchte.
Sekunden später war er tot.

Diese Bilder bekomme ich nie mehr aus meinem Kopf,
solch ein Stadium von Demenz gibt es nicht,
dass ich das Ereignis vergessen könnte.

Liebe Leser*innen, ich möchte euch auf diesem Weg sagen,
dass die Pflege manchmal auch brutal sein kann.

Ich liebe meinen Beruf.

Rohe Eier

Eine Bewohnerin, sie war demenziell verändert,
fuhr mit ihrem Rollstuhl den ganzen Tag über die Station.
Eines Tages sagte sie zu uns Pflegerinnen,
dass sie ihre Mahlzeiten noch bezahlen müsste.
Frühstück, Mittag, Kaffee/Kuchen,
Zwischenmahlzeit, Abendbrot.
Erst dachten wir, das ist eine Eintagsfliege von ihr. Nee, nee.
In ihrer dementen Welt glaubte sie, was sie sagte.
Erst haben wir sie ignoriert, aber nee, nee, es war ihr sehr ernst.
Also mussten wir reagieren.

Sie hatte eine kleine schwarze Handtasche, total verschlissen.
Diese Tasche begleitete sie den ganzen Tag.
Wir versanken nun in ihrer dementen Welt und verlangten
von ihr für jede Mahlzeit 3,50 Euro.
Sie strahlte uns an, öffnete ihre antike Tasche und gab uns
3,50 Euro Luftgeld. Wir bedankte uns, sie schien glücklich.
Ziel erreicht? Nee, nee, es ging eine Woche so weiter,
Tag für Tag, Schicht für Schicht.
Nach einer Woche legte sie noch einen drauf. jetzt sagte sie:
„Ich hätte gerne eine Quittung für die 3,50 Euro."
Hä, was geht jetzt? Wir dachten kurz nach. Klar, soll sie
ihre Quittung bekommen. Wir sind in ihrer Welt angekommen,
sie bekommt täglich ihre Quittung.

Dann kam der Tag, an dem unsere Bewohnerin besonders
glücklich aussah. Sie schaute uns an und sagte: „Ihr seid so
lieb zu mir, deswegen habe ich euch 10 rohe Eier in den
Briefkasten geschmissen." *Okay* ... ich stelle mir vor, ich komme
nach Hause, öffne den Briefkasten und es kommen mir 10 Eier
entgegen.

Wir merken, dass wir kurz vor dem Ersticken sind, vor lauter Lachen.
Wir reißen uns zusammen, damit sie denkt, wir nehmen sie ernst.
Wir bedanken uns für die Eier. Sie scheint jetzt sehr glücklich.
Übrigens, in ihrer Handtasche war viel Geld, 100 Taschentücher, jaja.

Liebe Leser*innen, es zeigt mal wieder, wie glücklich demente Menschen
sein können, wenn wir ihre Gedanken mitspielen.
Es ist manchmal nicht einfach, aber es lohnt sich sehr.

Ich liebe meinen Beruf.

Unsere Hausmeister

Jedes Seniorenheim braucht sie, unsere Hausmeister*innen.
Die Hausmeister*innen (große Helden) sorgen dafür, dass die
Heime in jeglicher Art und Weise erhalten bleiben.

Ich möchte euch einmal aufzählen, was alles dahintersteckt,
was ein*e Hausmeister*in alles bewältigen muss,
wenn er*sie seinen*ihren Dienst antritt.

Müll von jeder Station entsorgen, Getränke auffüllen (ca. 30
Kasten pro Station), Betten reparieren, wenn sie weder rauf- noch
runtergehen, Glühbirnen auswechseln, irgendwo ist immer eine
kaputt, Sperrmüll entsorgen (Möbel von verstorbenen
Bewohner*innen, wenn diese keine mehr haben möchte).
Grünanlage sauber halten und pflegen,
Essen auf Rädern ausfahren (Linz und Umgebung),
im Winter morgens um ca. 5 Uhr Schnee schippen
Computer in den Schwesternzimmern wieder zum Laufen
bringen (wenn sie mal wieder abgekackt sind).
Wenn irgendwas im Argen ist, schicken wir den
Hausmeister*innen eine E-Mail (Schadensmeldung)
„J. Kannst Du mal kommen?"
Während unserer Schadensmeldung kommen bei J. viele
weitere Meldungen an, er muss jetzt entscheiden, was Vorrang
hat. J. entscheidet immer richtig.

Wir, das Personal, ziehen den Hut vor unseren Hausmeistern.
Wir sagen Danke, ohne euch sind wir aufgeschmissen.

Also, liebe Leser*innen, habt mehr Achtung vor unseren
Hausmeister*innen und ihrer Arbeit, wir brauchen sie.

Ich liebe meinen Beruf.

Samthandschuhe benutzen

Wir sitzen im Schwesternzimmer, Übergabe von
Früh- auf Spätschicht.
Jede*r einzelne Bewohner*in wird besprochen, damit die nächste
Schichtinformiert ist, in welchem Zustand unsere
Bewohner*innen sich befinden und welche*r Bewohner*in
besondere Aufmerksamkeit braucht.

Wir bekommen die Information, dass ein neuer Bewohner
einzieht. Männlich, groß, Verbrennungen am Oberkörper.
Wir hören zu und halten die Luft an. Unsere Gedanken
spielen Karussell, wie wird er vom Charakter sein?
Wird er die Pflege von uns zulassen?
Wie stark sind die Verbrennungen? Hat er Schmerzen?
Welchen Pflegegrad hat er? Müssen wir ihn zu zweit pflegen?

Okay, jetzt einmal gedanklich runterkommen, lassen wir ihn
erst einmal ankommen. Zimmer ist vorbereitet.
Unser neuer Bewohner ist da. Groß, schlank, dünn.
Da er angezogen ist, erkennen wir nur Verbrennungen am Hals
(wir schätzen Verbrennungen zweiten Grades).
Er macht einen freundlichen Eindruck, sein Gesichtsausdruck
zeigt uns aber, er scheint Schmerzen zu haben.

Wir beginnen nun mit zwei Pflegekräften die Grundpflege bei
ihm. Nachdem wir ihn wohl nicht schmerzfrei entkleidet hatten,
kam das Ausmaß der Verbrennung zum Vorschein.
Ich schaue meine Kollegin an und wir wussten, diesen armen
Bewohner müssen wir mit Samthandschuhen anfassen.
Der Bewohner wurde mit einer Spezialsalbe behandelt
und die Wunden wurden neu verbunden.

Nach einer gewissen Zeit bekam er Vertrauen zu uns.

Er erzählte, wie es zu den Verbrennungen gekommen ist. Leider lebte er nicht lange bei uns. Er schien wohl gedacht zu haben, jetzt sei es wohl Zeit, zu seiner Frau in den Himmel zu gehen.

Ich bin viele Jahre in der Pflege und habe in dieser Zeit viel gesehen und erlebt. Es ist und bleibt aber immer wieder eine neue Herausforderung, körperlich und emotional. Viele Bilder nimmt man mit nach Hause und man sagt sich: Abschalten heißt jetzt die Devise.

Ich liebe meinen Beruf.

Unsere Putzperlen

Liebe Leser*innen, ihr kennt alle die Ausdrücke „Putze, Putzhilfe, Raumcleaner, Fußbodenmasseurin" usw. Sind diese Ausdrücke nicht furchtbar? Ja, das sind sie.

Unser Haus hat 6 Kolleginnen (ja, Kolleginnen), die unser ganzes Seniorenheim sauber halten. Für mich sind alle 6 Kolleginnen die Perlen der Haushygiene. Diese sind die nächsten guten Seelen in unserem Hause.

Morgens kommt auf jede Station eine Perle mit ihrem großen Reinigungswagen, darauf alle Reinigungsutensilien für alle Bereiche, die sie reinigen muss. Jetzt geht es los. Essensraum reinigen, Gästetoilette und Personaltoilette reinigen. Danach 30 Bewohnerzimmer, Blumen gießen. Aufenthaltsräume, Teeküche, Flure (die sind groß und lang). Alle Handläufe auf Station desinfizieren (daran ziehen sich unsere Bewohner*innen den ganzen Tag durch den Wohnbereich). Grundreinigung nach dem Auszug einer Bewohnerin oder eines Bewohners.

Dann geht es runter in den Speisesaal (riesig, 80 Plätze), jetzt das ganze Treppenhaus (gefühlt 100 Stufen). Ach, da ist ja noch der Keller, also weiter. Was beeindruckend ist: Alle 6 Kolleginnen haben immer gute Laune, es macht jeden Morgen Spaß, sie wiederzusehen.

Ich möchte euch mit dieser Kurzgeschichte zum Nachdenken bringen. Ob Pfleger*innen, Ärzt*innen, Professor*innen, Lehrer*innen, Reinigungskräfte, Küchenkräfte, Gärtner*innen oder Hausmeister*innen, man sollte jeden Menschen in seinem Beruf RESPEKTIEREN: Hallo, ihr Hygieneperlen, wir lieben und schätzen euch von ganzem Herzen.

Ich liebe meinen Beruf.

Gleis 2

Neue Bewohnerin, sie war sehr dement
(es gibt drei Stufen der Demenz, leicht, mittel, schwer),
für mich war sie aber premiumdement.
Sie war klein, kräftig, saß im Rollstuhl.
Frühdienst, es ging los, sie fing an, Zug zu fahren.
Im 5-Minuten-Takt fragte sie mich und meine Kollegin,
wann der Zug denn losfahren würde. Oje, jetzt brauchten
wir eine Idee. Uns fiel nichts Besonderes ein. Wir sagten ihr,
dass der Zug ausfällt, Zug kaputt, Gleise werden repariert,
Zug entgleist.

Damit schien sie eine Zeit zufrieden, etwas Ruhe kehrte ein.
Das war ein Wunschdenken von uns.
Jetzt ging die Story erst los. Sie fragte, auf welchem Gleis sie sei.
Oje, was nun, was tun? Da hatte meine Kollegin eine irre Idee.
Auf jeder Station haben wir eine Lichtanlage, an der man sehen
kann, auf welcher Station ein*eine Bewohner*in klingelt.
Wir fuhren unsere Bewohnerin an die Lichtanlage,
es leuchtete die Nr. 2. Meine Kollegin meinte zu ihr:
„Meine Liebe, Sie sind auf Gleis 2.“
„Ach so“, meinte sie, „dann warte ich hier, bis der Zug kommt.“
Tagelang haben wir das Spiel mit unserer Bewohnerin
mitgemacht, dann kam der Tag, Bahnhof tabu, Gleis 2 tabu.

Okay, neue Situation, plötzlich wollte sie bei uns arbeiten.
Ach nee und nun? Uns fiel der Wäscheschrank ein,
da sind gefaltete Handtücher gelagert.
Wir holten 10 Stück heraus, wühlten sie auseinander,
legten diese unserer Bewohnerin auf ihren Tisch und
baten sie, die Handtücher doch bitte zu falten.
Sie antwortete„ Ja, das mach ich gerne.“

Sie faltete die Tücher so was von korrekt, sie war damit einige Zeit beschäftigt.
Wir nahmen die Handtücher, bedankten uns bei ihr.
Da meinte sie: „Jetzt habe ich Feierabend und bitte schreiben Sie mir meine Überstunden auf."
Natürlich, meine Liebe, das machen wir.

He Leute, ich wiederhole mich gerne, es macht immer wieder Spaß und viel Freude, mit dementen Menschen zu arbeiten.

Ich liebe meinen Beruf.

Die Pflegeassistent*innen

Hallo, meine lieben Leser*innen,
ich werde euch in der nächsten Geschichte die Welt der
Pflegeassistent*innen näherbringen.

Viele von euch glauben, dass wir die Bewohner*innen nur pflegen.
Nee, nee, da gibt es noch viel mehr, was wir machen müssen,
nicht nur pflegen.

6 Uhr morgens, 30 Bewohner*innen werden auf 3
Assistent*innen verteilt.
Pflegewagen bestücken. Wäsche, Handtücher, Desinfektion usw.
6.30 Uhr, es geht los. Die Bewohner*innen werden gewaschen
oder geduscht, Haare waschen, föhnen, Fingernagelpflege,
nachschauen, ob sichtbare Wunden zu sehen sind.

Danach fahren wir einige Bewohner*innen in den Essenssaal zum
Frühstück. Es klingelt in meinem Gang, irgendein*e Bewohner*in
hat wohl einen Wunsch. Also kurz die Pflege unterbrechen und zu
der Klingel gehen.
7.30 Uhr, Frühstückswagen kommt für die Bewohner*innen, die
nicht in den Essensraum gehen, auf die Station.

Eine*r der Kolleg*innen muss aus der Pflege (vorher
abgesprochen) und das Frühstück an die Bewohner*innen
verteilen. Viele scharren schon mit den Füßen, ich habe Hunger.
Also, Schrittgeschwindigkeit erhöhen. Einige Bewohner*innen,
die nicht mehr alleine essen können, müssen angereicht werden
(immer zwischendurch). Gut, dass die Aufwachphase bei den
Bewohner*innen unterschiedlich ist.
Ich stelle mir vor, die würden alle zur gleichen Zeit wach werden,
Katastrophe.
So, die ersten Bewohner*innen sind satt und glücklich.

Fertig, hurra, nee, nee, erst Schmutzgeschirr und Frühstück abräumen, jetzt zurück in die Pflege, habe noch ein paar Bewohner*innen zu versorgen.
Es klingelt wieder, 4 auf einmal, also rennen, Klingeln bedienen.
Ah, da kommt eine Kollegin, sie ist heute die Saftschubse, sie bringt den Teewagen mit Saft, Wasser, Joghurt, geht von Zimmer zu Zimmer und beglückt die Bewohner*innen.
Jetzt kommt noch ein Auszug einer Bewohnerin dazwischen.
Schnell Bett abziehen, neue Matratze besorgen, alle Möbel desinfizieren, Bett neu beziehen usw., weiter in der Pflege.
Es klingelt wieder, Klingel bedienen.

Mittlerweile 10.30 Uhr, noch keine Pause gemacht.
Ach, Moment, ich vergaß, in den Zimmern noch Tisch abwischen, frische Tischdecke, Mülleimer leeren, Schmutzwäsche entsorgen.
Pause, jetzt eine Zigarette, schnell einen frischen Kaffee reinkippen, andere Kolleg*innen beißen schnell in ein Brot.
Es klingelt und klingelt.
Zigarette aus, Brot zur Seite, noch einen Schluck Kaffee, weiter im Text, auf die Klingeln, Klingel fertig, noch eine kurze Pause, etwas Luft holen.
10.45 Uhr, jetzt wird es Zeit für Toilettengänge.
Alle Bewohner*innen müssen auf die Toilette gebracht werden.
11.30 Uhr, Aufzug geht auf, Wärmewagen mit dem Mittagessen kommt aus der Küche. Vorbereitung zum Essen, die fitten Bewohner*innen sitzen schon am Tisch und scheinen sich auf das Essen zu freuen.
Essen auf die Teller, einer verteilt am Tisch, einer bringt das Essen auf die Zimmer, einer fängt an Bewohner*innen, die nicht alleine essen können, anzureichen.

Eine Betreuungsassistentin steht mittags vor uns und hilft als Glücksfee beim Verteilen der Mahlzeiten. Ohne sie wären wir aufgeschmissen, alle Bewohner*in rechtzeitig zu verpflegen.

Vielen Dank für eure Unterstützung.

Mittagessen zu Ende, der Betreuungsdienst hilft noch mit aufräumen.

Jetzt kommt der Super-GAU, alle Bewohner*innen müssen jetzt wieder ins Bett, zum Mittagsschlaf, das ist gut so, der Vormittag war auch für die Bewohner*innen anstrengend genug.

Jetzt noch mal Luft holen, gleich Feierabend.
Der Spätdienst ist da, wir bereiten die Übergabe vom Früh- in den Spätdienst vor und wünschen dem Spätdienst einen ruhigen Dienst, von ganzem Herzen.

So, liebe Leser*innen, jetzt habt ihr einen Einblick in die Pflege, und was noch dazugehört, bekommen.
Alle meine Kolleg*innen sind total mit dem Herzen bei der Arbeit, ich auch. Wir vergessen trotz der ganzen Arbeit niemals unseren Humor und lachen im Beisein unserer Bewohner*innen, das scheint sie glücklich zu machen. Uns Pflegepersonal erst recht.

Ich liebe meinen Beruf.

Der Auszug

Spätdienst. Eine Bewohnerin, sie war mobil, aber die Gedanken
spielten ihr zwischendurch einen Streich.
Unsere Station besteht aus zwei langen Gängen und einem
kurzen Gang, sie wohnte im langen Gang.

14.00 Uhr, wir beginnen mit der Vorbereitung von
Kaffee und Kuchen.
Auf einmal sehen wir vor dem Zimmer unserer Bewohnerin
mitten auf dem Flur eine Stehlampe.
Hä, was ist das denn? Wir nehmen die Stehlampe und bringen
diese in das Zimmer unserer Bewohnerin zurück.
Ja, das hätten wir besser nicht getan. Sie wurde richtig böse.
Wir versuchen alles, um sie zu beruhigen, keine Chance.
Also Stehlampe wieder zurück in den Flur, Ruhe,
wir dachten, das war es.
Ach Gott, das war eine geistige Fehlinformation von uns selber.
Jetzt ging es erst richtig los.
Sie legt ihre Bettwäsche in den Flur und genau in dem Augenblick
bekommt unsere Bewohnerin Angehörigenbesuch.
Wir stehen wie blöd da.
Wir begrüßen die Angehörigen und entschuldigen uns
für das Durcheinander.
Liebe Leser*innen, die Angehörigen unserer Bewohnerin
fangen an zu lachen und sagen zu uns:
„Wir ziehen den Hut vor euch, wir wünschen euch weiterhin
viel Spaß mit unserer Mutter." Da müssen wir alle herzlich lachen.

Wir verteilen danach Kaffee und Kuchen, denken, das war es
mit unserer Bewohnerin. Aber nee, falsch gedacht.
Wir kommen an ihrem Zimmer vorbei, nun liegen ihre
Bekleidung und alle ihre Handtücher auf dem Flur.
Uns sind die Hände gebunden, wir kommen nicht an sie heran.

Jetzt kommt der Höhepunkt.
Matratze auf den Flur, Tisch und Stuhl folgten,
wir glauben, wenn sie gekonnt hätte, wäre auch das Bett
und der Schrank im Flur.
Gefühlte 3 Stunden später, unsere Bewohnerin hat sich beruhigt,
jetzt können wir alles wieder in ihr Zimmer bringen.

Wir wissen bis heute nicht, was in ihrem süßen Kopf vorging
(vielleicht ein Auszug oder ein Umzug, nur sie weiß es).
Wir wissen mittlerweile:
Demente Menschen einfach machen lassen.
Sie leben immer wieder in ihrer Welt, wir sammeln dadurch viel
Erfahrung, unterm Strich sind wir alle glücklich.

Ich liebe meinen Beruf.

Die Waschküche

Das sind Kolleg*innen, die wir auch als Perlen in unserem Hause ansehen.

Die Waschküche wäscht von 100 Bewohner*innen die komplette Bekleidung und die Bettwäsche.
Von Montag bis Freitag, manchmal auch am Wochenende.
Sie kommen auf die Stationen und sammeln mit großen Schmutzwannen die Wäsche ein.
Auf jeder Station gibt es einen Fäkalienraum, dort wird der Müll gesammelt, die Toiletteneimer gereinigt.
Dort steht auch ein großer Wäschewagen, dieser besteht aus 3 verschiedenen Säcken. Gelb, Blau, Grün.

In die gelben kommt nur Tischwäsche und Bettwäsche (wird gemangelt) In die blauen kommen Handtücher, Unterwäsche, Waschlappen, Spannbetttuch, Krankenunterlagen und Biberbettwäsche. In die grünen kommt nur Bekleidung.

Warum ich das euch jetzt aufgezählt habe, hat einen Grund.
Teilweise wird auf den Stationen die Wäsche falsch verteilt.
Das gibt natürlich in der Waschküche Stress.
Stellt euch vor, ein Pullover einer Bewohnerin kommt in die Kochwäsche, weil sie falsch sortiert wurde,
Pullover passt nun einer Puppe, Bewohnerin sauer, mit Recht.

Die arme Waschküche hat nun die A...karte . Sommer, draußen 35 °C, Waschküche 40 °C, Bügeleisen, Wäschetrockner, Waschmaschine, alles bringt zusätzlich Hitze.
Ich möchte jetzt nicht da unten in der Waschküche arbeiten.
Schwitze eh auf Station genug.

Wir danken unseren Waschperlen für euren Einsatz. Es tut uns leid, wenn wir schon mal falsch sortieren
(wir werden uns bessern). Wir sind froh, dass es euch gibt.

Ich liebe meinen Beruf.

Die Sterbephase

Heute, liebe Leser*innen, nehme ich euch mit in die Sterbephase.

Eine Bewohnerin, eine vornehme Dame, stellte
dementsprechend auch ihre Ansprüche.
Sie hatte keine Angehörigen mehr (sie wirkte einsam),
nur wir, der Pflege- und Betreuungsdienst waren für sie da.
Sie wohnte knapp 3 Jahre in unserem Haus und mit der Zeit
baute ihr Körper immer mehr ab.

Dann kam der Tag, an dem uns allen bewusst wurde,
sie wird bald das Licht am Ende des Tunnels sehen.
Nun begann die Intensivpflege.
Sie musste im zeitlichen Rhythmus gelagert werden,
damit sie nicht wund wird. Dann kam der Tag,
an dem sie nicht mehr essen oder trinken wollte.
Liebe Leser*innen, es ist normal, wenn man in der Sterbephase
ist, keinen Hunger und keinen Durst mehr zu haben.
In der Phase der Verabschiedung ist das ein normales Verhalten.
Die Sterbephase näherte sich dem Höhepunkt.
Wir merkten, dass unsere Bewohnerin panische Angst vor
dem Sterben hat.
Wir überlegten, was wir tun können, ihr die Angst zu lindern (je
mehr Angst ein Bewohner hat, desto schlimmer die Sterbephase).

Pflege- und Betreuungsdienst waren sich einig, im Wechsel am
Sterbebett zu sitzen und unsere Bewohnerin zu begleiten.
Zwei meiner Kolleg*innen und ich hatten eine Schulung
zur Begleitung der Sterbehilfe gemacht, also wussten wir,
was Sterbenden guttut.
Wir taten unsere gefühlte Pflicht.
Füße mit lauwarmen Wasser waschen und einmassieren,
Rosenöl auf dem Brustkorb einmassieren (beruhigt die hektische

Atmung, Atmung geht etwas runter),
Hände mit Öl leicht einmassieren (schien ihr gutzutun),
Zitronenscheibe in die Socken (lindert leicht die Schmerzen),
zwischendurch einfach nur die Hände halten (Gefühl geben,
da ist jemand, der sich um mich kümmert).
Ich persönlich massiere gerne Stirn und Schläfe
(wirkt beruhigend).
Mit leisen warmen Worten zu ihr sprechen. Wenn sie gerne
gesungen hat, ihre Lieblingslieder leise singen.
Lass los, meine Liebe, da oben empfangen dich die Engel und
zeigen dir eine schöne neue Welt.

Nach vielen Stunden hat unsere Bewohnerin
den Weg in den Himmel geschafft.
Gott sei Dank hat sie ihre Reise zu den Engeln im Himmel
endlich geschafft.

Wir sind total fertig, aber auch stolz, dass wir sie
begleiten durften.

Ihr Lieben, ich habe euch diese Geschichte mit
Absicht geschrieben.
Ich möchte euch da draußen Mut machen, eure Angehörigen
in der Sterbephase zu begleiten.
Das Sterben gehört leider auch zum Leben..
Wenn ihr euch unsicher seid, dann holt euch Hilfe,
das ist total okay.

Ich liebe meinen Beruf.

Unsere Großküche

Hallo, ihr Lieben,
in unserem Haus gibt es eine Großküche
(hier sind die nächsten Perlen).

Dort wird das gesamte Essen – Frühstück, Mittagessen,
Kaffee/Kuchen und Abendbrot – für 100 Bewohner*innen
vorbereitet, gekocht und auf die Stationen gebracht.

Die Küche arbeitet auch im Schichtdienst. 6.15 Uhr geht es los
mit Kaffee kochen, Brötchen/Brote schmieren,
Eier kochen, Kakao kochen, Frühstückswagen bestücken
(für jede*n Bewohner*in wird das Tablett fertiggemacht).
Jetzt machen sie den Frühstückssaal für die Bewohner*innen
fertig, die mobil sind.
Frühstück fertig, dann geht alles in die Spülküche runter,
nun geht der ultimative Stress los (gefühlte 600 Teile spülen).

Jetzt rufen die Stationen in der Küche an, wir brauchen für das
Mittagessen dies und das (sorry, ich bin extrem mit den Anrufen,
um den Bewohner*innen ihre Wünsche zu erfüllen).
Danke, liebe Küche, dass wir von euch Unterstützung bekommen.

Mittagessen, jetzt werden die Wärmewagen bestückt,
Suppe, Fleisch, Gemüse, Kartoffeln, Saucen, Dessert.
Auch wenn die Küchenperlen keine Zeit haben,
bringen sie die Wagen auf die Station. Danke dafür.
Essen fertig, das ganze Prozedere von vorne.
Was für eine Arbeit, ich möchte nicht in der Spülküche stehen.
Ach, nicht vergessen, wenn auf Station im Sommer 30 °C sind,
stehen wir in eigenem Saft. In der Küche ist die
Hitze noch viel schlimmer.
Herd und Spülküche bringen noch mal Hitze für die Perlen.

Abendbrot, wie Frühstück. Die Küche macht alles fertig.
Feierabend ist irgendwann, wenn alle Wagen in der Küche
angekommen und weggespült sind.
Manchmal ist man sich nicht bewusst, was für eine wichtige Rolle
diese Kolleg*innen für uns in der Pflege spielen.
Danke euch für euren Einsatz.

Ich liebe meinen Beruf.

Meine persönliche Einarbeitung

Vor 9 Jahren habe ich in unserem Haus als
Pflegeassistentin begonnen.
Tag 1 bis 3 war Einarbeitung. Das bedeutet, ein Profi aus der
Pflege nimmt mich an seine Seite und gibt mir jede Menge
Informationen aus dem Bereich der Pflege.
Hä, keine Ahnung, mein Gehirn spielt gerade Karussell im
Feuerwehrauto *(Will ich das?)*.
Sie erzählte mir unter anderem etwas von Mobilisierung,
vom Bett in den Rollstuhl und vom Rollstuhl ins Bett.
Sie erzählte von Intimpflege, oh mein Gott,
auf was ich da alles achten muss. So ging das 6 Stunden lang,
ich komme mir vor wie ein totaler Doof.
Bin endlich zu Hause, sitze da und frage mich:
„Will ich das?" Jaaa, das ist das, was ich will. HELFEN!
Zweiter Tag Einarbeitung, die Kollegin fing an, mir das Gleiche
vom Vortag zu erzählen.
Ich hatte keine Lust mehr auf Vorträge, ich sagte zu meiner
vielleicht zukünftigen Kollegin: „Ich möchte jetzt selber pflegen.
Wenn ich Hilfe brauche, melde ich mich."
Sie willigte ein. Nun stand ich da, vor wildfremden Menschen.
Jetzt war ich alleine. Was hab ich da gemacht?
Erstes Zimmer, erste Bewohnerin, ich trat ein,
sagte mit ruhiger Stimme:
„Guten Morgen", ein leises „Guten Morgen" kam zurück.
Ich machte Licht, wir schauten uns an, sie schaute mich
mit ängstlichen Augen an und fragte mich: „Wer bist du?"
Ich nahm ihre Hand und erzählte von mir.
Ich fragte sie nun, ob wir mit der Pflege beginnen können.
Sie erklärte mir, wie sie was genau gemacht haben möchte.
Es war sehr angenehm und voller Gefühl, bei dieser Bewohnerin.
Von da an waren wir ein Team, wir mochten uns
und sie hat die Pflege von mir zugelassen.

Liebe Leser*innen, nicht alle Bewohner*innen haben so positiv auf mich reagiert. Das ist aber normal, nicht jeder Mensch will anfänglich einen Fremden an sich heranlassen.

Was anfangs schwer war, ist heute eine empathische Pflicht für mich geworden.

Ich liebe meinen Beruf.

Beleidigungen

Hallo, meine lieben Leser*innen,
jetzt kommen wir zum alltäglichen Thema:
Beleidigungen von den Bewohner*innen an das Pflegepersonal.
Wir unterscheiden zwei Personengruppen.
Erstens Beleidigungen von dementen Bewohner*innen,
die geistig verwirrt sind.
Und zweitens Beleidigungen von geistig gesunden
Bewohner*innen, die schon genau wissen, was sie sagen.

Fangen wir mit einer dementen Bewohnerin an.

Ich habe leider immer kalte Hände in der Pflege
(halte diese immer unter warmes Wasser, nützt oft wenig).
Ich fange mit der Pflege an und bekomme zu hören:
„Du bist ein A..., hau ab."
Ich kann es ja verstehen, möchte auch keine kalten
Hände an meinem Körper, ich halte meine Hände
nochmal unter warmes Wasser.
Hände wieder wärmer, Pflege geht weiter, da sagt sie zu mir:
„F... dich." Oh, ganz schön hart, Ruhe bewahren,
einfach weitermachen.
Jetzt geht es richtig los, sie sagt; „Du bist ja so hässlich,
du bist so ein Krüppel." Okay, in meinem Kopf reicht es mir
eigentlich, bin fast fertig mit ihr.
Es gibt demente Bewohner*innen, die uns schon mit den
Worten begrüßen: „Ihr seid ja so s...".

Kommen wir zu den Bewohner*innen, die geistig fit sind,
uns aber auch beleidigen können.
Zum Beispiel: „Ihr seid ja viel zu dünn für die Pflege,
ihr solltet besser Klos putzen, das ist doch das Einzige, was ihr
könnt."

Da müssen wir ganz schön schlucken.
Wie reagiert man in der Pflege bei solchen Aussagen?
Pflege abbrechen? Wortlos das Zimmer verlassen?
Raus und weinen?
Dem*Der Bewohner*in gegenüber laut werden?

Ich habe mit der Zeit mein eigenes Rezept gemacht,
komme damit persönlich super klar.
Mein Rezept bei Beleidigungen von dementen Bewohner*innen
ist eine Tüte Verständnis (200 g), schüttelt sie
über den*die Bewohner*in, hinzu gibt man (300g)
Bestätigung für ihre/seine Aussagen, damit sie/er zufrieden ist.
Zum Schluss die wichtigste Zutat: In das eine Ohr rein,
ins andere raus. Fertig ist der Umgang mit dementen
Bewohner*innen und ihren Beleidigungen.

Mein Rezept für Beleidigungen von geistig klaren
Bewohner*innen: Ich nehme für mich eine Tüte Chica (500 g), gut
so, gibt mir die Kraft und ziehe wortlos,
ohne Diskussion die Pflege durch.

Dann nehme ich mir noch eine Tüte Selbstbewusstsein (1000 g)
Haha, setze mich dem*der Bewohner*in auf Augenhöhe
gegenüber und sage in einem ruhigen Ton das Folgende
(jetzt ,liebe Leser, kommt die letzte Zutat),

DAS GESPRÄCH!

„Mein Guter/meine Gute, ich habe absolut Respekt vor Ihnen
und Ihrer Krankheit, genauso erwarte ich von Ihnen,
mir, meiner Arbeit und meinen Bemühungen gegenüber
etwas mehr Verständnis.
Ich habe es nicht nötig, mich von Ihnen beleidigen zu lassen,
seien Sie doch froh, dass es Pflegepersonal gibt,
das Ihnen in Ihrer Situation hilft.“

Liebe Leser*innen, um ein gutes Rezept in der Pflege zu haben, braucht man viel Erfahrung und noch mehr Kraft.

Ich liebe meinen Beruf.

Selbst angezogen

Frühdienst. Ich habe heute eine Bewohnerin in meiner morgendlichen
Pflege, die nicht mehr selbstständig laufen kann.
Sie ist auf den Rollstuhl angewiesen (kann NICHT mehr laufen).
Die Grundpflege sieht bei ihr so aus: aus dem Bett in den
Rollstuhl, ab ins Bad, Oberkörper, Beine, Füße waschen, Körper
eincremen.
Toilettengang, Intimpflege, Prothese reinigen,
Haare kämmen, fertig.

An diesem Morgen war bei meiner Bewohnerin
irgendwie alles anders. Sie saß oder lag nicht wie gewohnt im Bett.
Sie saß vollkommen angezogen (tutti kompletti) auf ihrem Bett.
Meine Gedanken spielten mal wieder Karussell.
Ich ging aus dem Zimmer zu meiner examinierten Fachkraft,
erzählte ihr von meiner Bewohnerin.
Sie bestätigte mir, dass meine Bewohnerin am Vorabend
mit einem Nachthemd im Bett lag.

Okay, ich ging zu meiner Bewohnerin, setzte mich neben ihr aufs
Bett und fragte sie, wer sie denn schon angezogen habe.
Antwort: „Ich habe mich natürlich selber angezogen."
Sie strahlte mich dabei voller Stolz an.
„Ach ja", dachte ich und fing an, sie zu entkleiden, um sie zu
waschen und richtig anzuziehen.

Zwei Unterhemden, drei Unterhosen, Pullover falsch herum an,
die lange Hose perfekt, Schuhe an.
Plötzlich fing sie an zu weinen und sagte zu mir:
„Schwester, ich bin doch schon angezogen, jetzt hast du doch
viel weniger Arbeit mit mir."
Das Herz tat mir nach diesen Worten weh, ich musste eine

Entscheidung treffen.

Ihr lieben Leser*innen, meine Entscheidung war, dass ich sie angezogen lies.

Ich wusch das Gesicht, Toilettengang, Intimpflege, Reinigung der Prothese. Sie schien jetzt glücklich.

Wir fragen uns bis heute, wie sie zum Kleiderschrank kam, wie sie es geschafft hat, sich anzuziehen?

Eines steht für mich fest: Menschen, ob jung oder alt, können Kräfte entwickeln, die man nicht für möglich hält.

Ich liebe meinen Beruf.

Die Nachtwachen

Vor ein paar Jahren wurde ich von der Personaldienstleistung gefragt, ob ich auch in die Nachtwache gehen möchte.
Neee! Sie könnten mir eine Million auf den Tisch legen, never ever. Warum nicht, werde ich euch jetzt erzählen.

Der Nachtdienst beginnt um 20.00 Uhr, geht bis 6.30 Uhr.
Der Nachtdienst bekommt vom Spätdienst bei der Übergabe alle Informationen von jedem*r Bewohner*in über Zustand, Gemüt, Wohlbefinden sowie vom Krankheitsbild.
Der Spätdienst verabschiedet sich und wünscht einen ruhigen Dienst.

Von wegen. Jetzt geht die Nacht mit unseren Bewohner*innen erst richtig los. Viele Bewohner*innen haben geregelten Tag- und Nachtrhythmus.
Tagsüber wollen sie schlafen und nachts werden sie richtig aktiv.
Erste Klingel, Nachtwache geht los: „Was kann ich für Sie tun?"
„Ich muss mal." Zweite Klingel.
„Was ist los? Was kann ich für Sie tun?"
„Mir ist langweilig, können Sie nicht bei mir bleiben?"
So geht das die ganze Nacht. Ein Bewohner läuft ziellos über die Station, die Nächste räumt gerade ihr Zimmer aus, ein weiterer Bewohner packt den Koffer, will ausziehen.

Ein*e Bewohner*in bekommt Nasenbluten, lässt sich nicht stillen, also Notdienst rufen.
Ach ja, da gibt es Bewohner*innen, die klingeln, du läufst hin.
„Sie haben geklingelt, was möchten Sie?"
Antwort: „Ich habe nicht geklingelt."
Liebe Leser*innen, nicht dass ihr meint, eine Klingel hier, eine Klingel da, nein, nein, 10 Klingeln auf einmal.
Die Nachtwache macht ihre regelmäßigen Rundgänge

von einem Zimmer zum nächsten, frisch machen, Bett neu beziehen, Durchfälle kommen noch dazu.

Was ich euch aufgezählt habe, ist nur ein Hauch von dem, was unsere Nachtwachen leisten müssen.
6.00 Uhr, Übergabe von der Nacht in den Frühdienst.
Oh mein Gott, was hat der Nachtdienst wieder alles erlebt.
Ich habe großen Respekt vor unseren Nachtwachen.
Gut, dass es euch gibt und ihr die Bewohner*innen für uns schon gut versorgt habt.

Ich liebe meinen Beruf.

Verstopftes Klo

Hallo, ihr Lieben,
diese Geschichte muss ich euch erzählen
(etwas zum Schmunzeln, ist wirklich so geschehen).
Station Blau, zweite Etage, Station Grün, dritte Etage.
Wir sind zusammen eine Station, unterstützen uns gegenseitig.
06.08.2023, ich habe frei und sitze gemütlich in meinem
Benz-Sessel, nichtsahnend, was zu diesem Zeitpunkt auf der
Arbeit abgeht.

07.08.2023, komme zum Frühdienst, treffe auf meine
Kollegen*innen vom Vortag und die erzählen mir die Story vom
gestrigen Tag. Nach dieser Geschichte war mir sofort klar: Davon
muss ich euch erzählen.

Station Grün
Eine Bewohnerin, wahrscheinlich war ihr langweilig,
was macht sie?
Sie verstopft ihr Klo.
Äpfel rein, eine Rolle Toilettenpapier drauf,
noch ein paar Einweghandschuhe hinterher,
nimmt die Toilettenbürste und drückt schön kräftig den
ganzen Mi… tief hinein.
Ein junger Kollege vor mir nimmt den Pömpel, um freizumachen.
Und drücken, hoch, drücken, hoch, was passiert?
Die ganze Sch… spritzt nach oben, mein Kollege wird
von Kopf bis Fuß eingesaut.
Es kommt die Examinierte dazu, sieht den Kollegen und muss
lachen. Die Examinierte scheint schlauer zu sein, zieht eine
Schürze, Handschuhe, Schutzbrille an und legt mit dem Pömpel
los. Keine Chance.
Anruf auf Station Blau: „Hilfe, kann einer hochkommen?"

Kollege kommt hoch, sieht die eingesauten, mit Kittel und Schmutzbrille bewaffneten Kolleg*innen.

Hoffnungslosigkeit strahlt aus ihren Gesichtern.

Ich weiß nicht, wie und ob sie die Toilette frei bekommen haben (wahrscheinlich später Hausmeister angerufen).

Der Super-GAU aber war, erzählte mir ein Kollege, die Bewohnerin sitzt mit verschränkten Beinen auf einem Stuhl, neben der Toilette, schaut sich die ganze Aktion an und meint: „Ich war das aber nicht" (und lächelt dabei).

Diese Geschichte beweist mal wieder, was es heißt, in der Pflege zu arbeiten. Wir sind nicht nur Pfleger*innen, Zuhörer*innen, Psycholog*innen, Physiolog*innen, nein, wir sind auch Rohrreiniger.

Ich liebe meinen Beruf.

Unser Esszimmer, jetzt Büro

Hallo, ihr Lieben,
ich hatte Frühdienst, liege auf meinem Benz-Sessel
und habe mir vorgenommen nichts zu tun, auch nicht an meinem
Buch zu schreiben.
Okay, ich habe eine halbe Stunde ausgehalten, sitze jetzt in
unserem Esszimmer, sieht mittlerweile wie ein Büro aus und
nicht mehr wie ein Esszimmer, haha.
Habe gerade die nächste Story im Kopf (die wirklich passiert ist),
will sie gerade schreiben, da geht mir eine Geschichte durch den
Kopf, die ich euch zuerst schreiben möchte.
Ich denke, *schreib doch mal den Leuten da draußen, was bei mir
und meinem Mann im Kopf losgeht, wenn man überzeugt ist,
ein Buch zu schreiben.*
Also, ich schreibe mit Stift auf Papier über mein Leben
im Seniorenheim.
Während ich schreibe, ist mein Mann noch auf der Arbeit
(er ist Betreuungsassistent für demenzkranke Menschen,
ich habe meistens Früh- und mein Mann Spätdienst).
Mein Mann kommt von der Arbeit, ihr müsst nicht glauben,
dass er dann zu mir kommt: „Hallo, mein Schatz, wie geht es dir?"
(mit einem Knutscher, da bin ich).
Nein, der erste Weg geht in das Esszimmer (jetzt Büro),
er schaut nach: „Gibt es eine neue Geschichte?"
Es gibt eine neue, mein Mann freut sich.
Jetzt kommt er zu mir: „Hallo mein Schatz, bin da" (Knutscher).
Na toll, denke ich, erst das Buch, dann ich.
Ich weiß nicht, wer von uns beiden mehr durchgeknallt ist.
Ich bin todmüde von der Arbeit, aber der Zwang,
die Geschichten weiterzuschreiben, ist größer.

Oder mein Mann, der nach der Arbeit ins Büro geht und
meine Geschichte auf den PC überträgt und abspeichert.

Ich dachte ja, dass ich durchgeknallt bin,
mein Mann ist schlimmer.
Wenn er abends die Geschichte nicht abgetippt hatte,
sitzt er nachts um 2 oder 3 Uhr im Büro, schreibt meine
neue Geschichte, speichert sie ab und druckt sie aus.
Um 4 Uhr (ich muss ja zum Frühdienst) steht er vor dem Bett.
„Guten Morgen mein Schatz, Geschichte geschrieben,
ausgedruckt, Kaffee ist fertig.“
Dieses Buch ist für uns eine große Herausforderung,
wir haben sie mit viel Freude angenommen.
Ich lebe und liebe es, das Buch zu schreiben (Danke für die Hilfe,
mein Schatz).

Ich liebe meinen Beruf.

Der Auszug mit „Der kleine Prinz"

Ich habe eine neue Kollegin.
Seit dem 01.05.2022 ist sie auf unserer Station
(hatte zu Beginn keine Ahnung von der Pflege).
Dank Einarbeitung von mir ist sie heute eine
Top-Pflegeassistentin.
Sie hat von Anfang an viel Energie für die Pflege mitgebracht.
Sie hatte Spätdienst, musste jetzt in den Frühdienst (arme Socke).

Um 6.00 Uhr treffen wir uns im Schwesternzimmer zur
Übergabe. Sie sieht mich und fängt an zu lachen, ich denke:
Okay, was geht ab?
Meine Kollegin sagt, sie habe die nächste Geschichte für
mich und fängt an mir die Geschichte aus ihrem
Spätdienst zu erzählen.

Eine Bewohnerin, groß, sehr schlank, wollte ausziehen.
Meine Kollegin sagte zu ihr: „Okay, dann packen Sie mal
Ihren Koffer."
Die Bewohnerin legte los und holte eine kleine Handtasche
(ach, nicht zu vergessen, Handtasche sehr klein, schwarz, antik)
ihr kennt bestimmt das Spiel *Ich packe meinen Koffer.*

Sie packt jetzt ihre kleine Handtasche. Eine Unterhose
wird reingequetscht, ein T-Shirt noch darauf
und das Buch *Der kleine Prinz* musste noch mit rein.
Das schien irgendwie nicht zu klappen.
Meine Kollegin steht im Türrahmen und schaut ihr in Ruhe zu.
Das Buch passt nicht, also holt die Bewohnerin das
Buch wieder raus.

Meine Kollegin sagte zur Bewohnerin:
„Also das Buch kann ich Ihnen per Post nach Hause schicken."

Bewohnerin schaut sie an und fragt, ob sie sich darauf verlassen könnte?

Natürlich, meine Liebe. Bewohnerin lächelt und war glücklich.

Was sagt uns diese Geschichte?

Es gibt Gegenstände, die für demente Menschen lebenswichtig sind. Niemals wegnehmen, sie werden mit dem Gegenstand vielleicht schöne Stunden in der Vergangenheit gehabt haben.

Ich liebe meinen Beruf.

Désirée, die Möchtegernautorin

Hallo, ihr Lieben da draußen, die gerade mein Buch lesen.
Ich möchte euch etwas aus meinem Leben erzählen
(jaja, ich weiß, das hat nichts mit dem Seniorenheim zu tun,
ich möchte es aber trotzdem loswerden).
Also, mein Name ist Désirée Weissenfeld, bin 1,67 m
(nicht schlank, aber auch nicht dick, haha), bin 59 Jahre alt,
in zweiter Ehe seit 16 Jahren. Ich bin ein bunter Mensch,
durchgeknallt und habe Humor ohne Ende.

Meine Kollegen leiden oft unter mir, weil sie nicht wissen,
ob sie jetzt verarscht werden oder nicht.
Meinem Mann geht es leider nicht besser, hahaha.

Als ich meinen Karl kennen und lieben gelernt habe,
waren wir beide mit Leib und Seele der Gastronomie
verschrieben. Wir haben 24 Stunden am Tag zusammen gelebt
und gearbeitet. Unser Landgasthof (500 Sitzplätze) lief wie jeck,
bis zu dem Tag, der uns den Boden unter den Füßen wegzog.

Ich musste zum Arzt, wegen Schmerzen, und komme
mit der Diagnose Krebs zurück. NA TOLL UND NUN?
Kurz nachgedacht, habe mich entschieden, eine Woche zu heulen.
Eine Woche vorbei, nachgedacht, Ergebnis: KÄMPFEN!
6 Wochen später, OP hinter mich gebracht, musste wieder zur
Untersuchung, komme nach Hause zu meinem Mann
mit den Worten; „Hallo, Schatz, neuer Krebs Teil 2."
NA TOLL, wieder nachgedacht, geheult, konnte
die Welt nicht mehr verstehen.

Genug geheult. So, jetzt mach ich den Krebs platt.
Ich musste wieder zum Arzt, wieder eine Diagnose in der Tasche,
Krebs Teil 3. Wieder OP (übrigens, mein Karl war bei jeder OP

mit im Krankenhaus, hat mir gutgetan).

Ich hatte zwischen jeder OP in der Gastronomie voll
mitgearbeitet. Der Professor der Klinik sagte zu meinem Mann, er
müsse sich entscheiden (Gastronomie oder Ehefrau).
Wir entschieden uns zu verkaufen, wegziehen, Neuanfang.
Übrigens, meine Devise von Anfang an war
Du, Krebs, besiegst mich nicht, ich werde siegen.
Nach langem Kampf mit Unterstützung der Familie
habe ich den Krebs BESIEGT.
Eine Wohnung am Rhein wurde gefunden, ein Jahr nichts getan,
ich habe mich von meinem Feind, dem Krebs, erholt.

Es wurde langweilig, habe auf Bitte einer Bekannten
eine ältere Dame häuslich gepflegt. Es war ein gutes Gefühl,
helfen zu können. Meinem Karl fiel auf, dass es mir mit der
Aufgabe in der Pflege gutging.

Er meinte zu mir: „Du gehörst mit deinem Lebensmut
und der Einstellung, helfen zu wollen, in die Pflege."

Ich habe auf meinen Mann gehört und bin mittlerweile
seit vielen Jahren im selben Seniorenheim auf der
selben Station als Pflegeassistentin tätig.

Kann mir keinen anderen Beruf mehr vorstellen.
Mit meiner Lebenserfahrung und meiner Kraft,
die ich mir erkämpft habe, arbeite ich jeden Tag
mit Liebe in der Pflege.
Ich danke dem lieben Gott, dass ich dieses Buch schreiben darf.

Warum habe ich euch meine Geschichte erzählt?
Ganz einfach, ich will euch klarmachen:
Kämpft, egal, um was es geht, kämpft.
Am Ende werdet ihr belohnt.

Ich liebe meinen Beruf.

Praxisanleitung

Hallo, liebe Leser,
in der nächsten Geschichte geht es um die Praxisanleitung.
Praxisanleiter*innen sind erfahrene Kolleg*innen
(examinierte Fachkräfte, wir dürfen sie liebevoll Exe nennen),
die unsere Auszubildenden in ihrer gesamten Lehrzeit liebevoll
begleiten und ihnen mit Rat und Tat zur Seite stehen.
Also, jede Station hat eine Auszubildende (entweder die einjährige
Pflegeassistentin oder die dreijährige Examinierte).

Die Ausbildung ist in Theorie und Praxis aufgeteilt.
Die Schüler*innen machen wochenlang am Stück Schule,
danach wochenlang die Praxis, und das im Wechsel.
Während der Ausbildung müssen sie noch ein Praktikum
in einer anderen Einrichtung machen, also Stress pur.
Es gibt feste Zeiten/Tage (6 Stunden), da kommen die
Praxisanleiter*innen ins Spiel, setzen sich mit den Schülern*innen
zusammen. Sie lernen für bevorstehende Klausuren,
sie lernen, den Pflegeplan eines Bewohners zu schreiben,
Sie lernen, Medikamente und Tropfen zu stellen,
lernen sich mit den Ärzten auszutauschen
und sie lernen die Praxisanleiter*innen kennen und ihnen
zu vertrauen, damit sie sich vielleicht auch einmal ausko...
können, wenn es mal nicht läuft oder wenn sie Hilfe brauchen.
Es werden praktische Prüfungen auf den Stationen gemacht.
Schüler*in und Praxisanleiter*in bereiten sich wochenlang
auf die Prüfungen vor.
Ich persönlich finde, dass die letzten Wochen bis zur
Prüfung die schlimmsten sind (ich habe es selber erlebt,
komme später dazu).

Prüfungstag, Schüler*innen, Praxisanleiter*innen,
zwei bis drei Lehrer*innen von der Schule sind anwesend.

So, liebe*r Schüler*in, leg los, du schaffst das, du hast eine gute Praxisanleitung gehabt. PRÜFUNG BESTANDEN!

Wir sind stolz auf unsere Schüler*innen, ach Entschuldigung, bist ja jetzt ein*e Kollege*in oder Examinierte (Glückwunsch). Liebe Leser*innen, ich bin stolz auf unsere Jugendlichen zwischen 18 und 25, die sich für den Weg zur Pflegekraft entscheiden. Ich ziehe den Hut vor den Praxisanleiter*innen, die in der gesamten Ausbildungszeit Geduld, Ruhe und Verständnis aufgebracht haben.

Ich liebe meinen Beruf.

Männlein oder Weiblein

Hallo, Leute,
ein Bewohner, er hatte immer einen Gesichtsausdruck,
als wenn der Schalk in seinem Nacken eingezogen wäre.

Unser Bewohner, 81 Jahre alt, Darmausgang, lebenslustig
und Lebensmut ohne Ende.
Leider hatte er keine Angehörigen mehr, konnte auch das,
was er noch hatte, nicht mehr verwalten.
Ihm wurde ein gesetzlicher Vormund zugeteilt.
Unser Bewohner bekam einen sehr lieben und netten Vormund,
sie besuchte ihn regelmäßig auf unserer Station.

Da ich Kurzhaarträgerin bin und die Seiten fast rasiert habe
(ich liebe meinen Look, kurz, bunt, immer anders),
hat er mich wohl als Junge angesehen.
Ich ging in sein Zimmer und er sagte zu mir:
„Komm, Junge, setz dich zu mir." Hä? Ich bin doch eine Frau.
Sch…egal, ich setzte mich als Junge neben ihn und hörte ihm zu.

Frühdienst. Eine Kollegin hatte ihn in der Pflege.
Gegen Mittag kam die nette Betreuerin unseren Bewohner
besuchen, beide standen auf dem Flur.
Die Betreuerin schaute ihn an und sagte: „Mensch, wer hat
dich denn heute Morgen versorgt? Du bist ja wie aus
dem Ei gepellt!"

Da schaute unser Bewohner den Flur entlang, zeigt mit dem
Finger auf eine Kollegin von mir und sagte:
„Da hinten die braune Tonne."
Wir und die Betreuerin hielten vor Schock die Luft an,
kurz Luft geholt, dann war das Gelächter groß.
Ich hatte ihn sehr oft und sehr gerne in der Pflege,

bis er seine Augen für immer schloss.

Was ich euch mit dieser Geschichte sagen möchte,
ist ganz einfach.
Wenn man den pflegerischen Beruf mit dementen Menschen
wählt, braucht man eine Riesentüte Humor, sonst geht es nicht.

Ich liebe meinen Beruf.

Die ehrenamtlichen Helfer

Die nächste Geschichte möchte ich euch über unsere
Ehrenamtlichen schreiben.
Sie sind häufig schon im Rentenalter, haben aber keine Lust,
nur die Füße hochzulegen.
Sie kommen zu uns ins Seniorenheim und kümmern sich
um unsere Bewohner*innen, unterstützen die Pflege,
indem sie unsere Bewohner*innen unterhalten
und glücklich machen.
Eine Ehrenamtlerin kommt einmal die Woche ins Haus
und bastelt mit den Bewohner*innen die schönsten Dinge.
Unsere Bewohner*innen scharren morgens schon mit den Füßen.
„Wann kommt sie denn und bastelt mit uns?"

Es gibt Ehrenamtler, die musikalisch begabt sind und
z. B. singen, Gitarre spielen oder Piano spielen.
Sie kommen alle in Abständen ins Haus und verzücken
unsere Bewohner*innen im großen Saal oder bei gutem Wetter
in unserem schönen Garten.
Für die Pflege ist dann etwas Ruhe auf Station, die Hälfte der
Bewohner*innen ist ja am Singen und am Schunkeln.
Mein Karl ist auch Ehrenamtler und singt alle paar Wochen
mit großer Freude für unsere Bewohner*innen.
Dann gibt es Ehrenamtler, die an einem festen Tag (dienstags)
für Bewohner*innen, die nicht mehr einkaufen können,
aber Wünsche haben (SCHOKOLADE), den Einkauf erledigen.

Unsere Großküche kocht auch für außer Haus.
Menschen, die nicht mehr selber kochen können, bestellen bei
uns ihre Mahlzeiten. Wer bringt den Menschen im Umkreis
unseres Seniorenheimes dann das Essen nach Hause? Gott sei
Dank unsere Ehrenamtler*innen (vielen Dank an alle
Ehrenamtliche in unserem Haus). Wir sind froh, dass es euch gibt.

Liebe Leser*innen, merkt ihr etwas?
Ein Seniorenheim ist wie ein großes Rad;
bricht ein oder mehrere Zacken heraus,
funktioniert nicht mehr alles.
Also, alle Kollegen*innen, egal in welcher Position,
wir brauchen uns gegenseitig, um eure Angehörigen
oder Partner*innen zu versorgen, mit ganz viel Liebe.

Ich liebe meinen Beruf.

Traumschiff mit Tabletten

Hallo. Leute,
war mal wieder im Spätdienst auf Station Blau,
eine Kollegin von mir war auf Station Grün.
Der Nachmittag lief ausnahmsweise mal ruhig.

Plötzlich stand meine Kollegin vor mir und meinte:
„Hör mal, Frau R.... will ihre Medikamente nicht nehmen."
Ich fragte: „Wieso nicht?"
Meine Kollegin sagte mir, dass ihre Bewohnerin meint,
sie wäre auf dem Traumschiff und könne doch jetzt keine
Tabletten nehmen.

Meine Kollegin von Grün war noch nicht lange bei
uns und stand etwas hilflos vor mir.
Ich musste an meine Anfänge denken, ich war manchmal
genauso hilflos (also jetzt, Désirée, nicht lachen, reiß dich
zusammen und hilf deiner armen Kollegin).

Ich sagte meiner Kollegin, dass sie der Bewohnerin sagen soll,
sie solle ihre Schiffsfahrt zu Ende fahren und ihr danach
die Medikamente geben.
Gesagt, getan, alles okay.
Heute müssen wir beide über die Geschichte
immer wieder lachen.

Meine Kollegin, die vor Jahren so hilflos vor mir stand,
ist heute eine junge, selbstbewusste Frau.

Sie hat die 3-jährige Ausbildung gemacht (ist jetzt Exe).
Heute diskutieren wir über fachliche Probleme
der Bewohner*innen.
Macht richtig Spaß, mit ihr zu arbeiten.

Auch wenn wir nicht alle einer gemeinsamen Meinung sind, wir funktionieren am besten als TEAM.

Ich liebe meinen Beruf.

Die Medien

Hallo, liebe Leser*innen,
es sind jetzt 6 Wochen vergangen,
seit ich angefangen habe, mein Buch für euch zu schreiben
(ohne Fremdwörter, ohne Abkürzungen, für jeden verständlich).

Ich lese seit Jahren Bücher, Werbung, Prospekte über die Pflege,
ich sehe TV, höre Radio, immer wieder lese ich das Thema
Pflegenotstand, zu wenig Bezahlung, zu wenig Fachpersonal,
keinen Nachwuchs in der Pflege usw.

Unsere Politiker sind nur am Diskutieren, jeder schiebt den Joker
dem nächsten zu, keiner redet Tacheles, alle drucksen herum,
keine Entscheidung wird getroffen, nur Blablabla.
Gewerkschaften gehen auf die Straße, erreichen nur Minimales.
Danke, liebe Regierung, für nichts.

Ich möchte euch da draußen, mit meinem Buch,
eine andere Seite der Pflege zeigen.
Freude, Lust, Spaß mit hilfsbedürftigen Menschen,
im Beruf der Pflege.

Na klar rutschen wir Pfleger*innen nach einer Schicht
von 6–7 Stunden auf den Felgen nach Hause
(teilweise ohne Pause, Klingel, Klingel immer weiter).
Wir sind zu Hause platt angekommen und sagen:
Ich kann nicht mehr.
Klar, wir könnten Rollschuhe anstatt Turnschuhe gebrauchen,
dann wären wir schneller bei den Bewohner*innen
(Klingel) hahaha.
Klar leiden wir mit den Bewohner*innen,
besonders wenn es ihnen schlecht geht,
trotzdem Feierabend, hurra.

Nee nee, du kommst nach Hause, setzt dich auf deine Couch, denkst über die Schicht nach. Es kann passieren, dass dann auch Tränen fließen, es ist sehr schwer, abzuschalten. Ich könnte euch noch viele Situationen erzählen, genug für heute. Trotz des Stresses, den wir im ganzen Haus haben, stehen wir am nächsten Tag wieder unseren Mann oder unsere Frau.

Alle, Früh-/Spät-/Nachtdienste, die Küchenperlen, die Hausmeister, die Putzperlen, der Betreuungsdienst, die Ehrenamtlichen und auch unsere Chefs stehen am nächsten Tag mit Energie und Humor wieder am Start.

Wir erleben viele Situationen, die zum Lachen, aber auch zum Weinen sind, ihr könnt mich bei meinen nächsten Geschichten noch einige Zeit begleiten.

Und warum stehen wir trotz Stress am nächsten Tag wieder am Start? Klar, wir lieben unsere Bewohner*innen und unseren Beruf.

Ich liebe meinen Beruf

Eigen-/Selbsthygiene

Hallo, liebe Leser*innen,
ein Thema, welches für uns alle wichtig ist,
ist die Eigen-/Selbsthygiene
Das Thema ist für alle, die einen stressigen Beruf haben, wichtig.
Mein Mann und ich kommen nach einer stressigen
Schicht nach Hause.

Beginn der Eigen-/Selbsthygiene.
Aus den Klamotten raus, ab ins Bad, duschen,
abschminken, jetzt den Schlabberlook anziehen.
Jetzt sehen wir aus wie die Flodders,
das Gruselkabinett beginnt, hahaha.

Jetzt essen, nein, nicht kochen, wir sind clever,
kochen für 3 Tage im Voraus. Messer, Gabel, Serviette am Tisch?
Nein, Schüssel, Essen untereinander, aufwärmen,
ab in den Benz-Sessel.
Jetzt lassen wir unseren Arbeitstag Revue passieren
5 bis 10 Minuten).
Nun kommt der Hauptteil der Eigen-/Selbsthygiene.
Wir überlegen, worauf wir jetzt Bock haben.
Zur Auswahl steht Glotze, aber nicht etwas, wobei man
Intelligenz
einsetzen muss, haben unsere Intelligenz für heute auf der
Arbeit verbraucht, ein gemeinsames Spiel, Kniffel, Skip-Bo,
oder wir chillen.
Da wir 5 Zimmer haben, kann jeder für sich alleine
runterkommen, ich mache mein Geschicklichkeitsspiel, mein
Mann liest seine Sportzeitung oder hört seine Musik.

Leute, kommt nach Hause, macht etwas Schönes, worauf ihr
beide Lust habt, um den harten Arbeitstag für heute zu vergessen.
Wichtig: Redet miteinander, es muss für beide passen.

Ach so, da ist ja noch etwas, der Haushalt.
Da wir getrennt freie Tage haben, geht das gut.
Wer frei hat, macht die Bude sauber, macht die Wäsche,
kocht für 3 Tage im Voraus.
Wer dann von der Arbeit kommt, kann locker runterkommen.

Was ich mit dieser Geschichte bewirken möchte?
Sprecht miteinander, überlegt, wie und was euch
guttut, um gemeinsam runterzukommen
nach eurem stressigen Arbeitstag.

Ich liebe meinen Beruf.

Frühschicht mit einer Kollegin

Bin mal wieder in der Frühschicht.
Da gibt es eine Kollegin, die ich besonders gerne mag.
Hurra, sie hat heute mit mir zusammen Frühschicht.
Das wird bestimmt wieder ein lustiger, humorvoller Dienst.
5.30 Uhr, ein Bewohner muss schon früh versorgt werden,
er hat einen frühen Arzttermin.
Wir machen diesen Bewohner zusammen fertig,
nächsten Bewohner müssen wir auch zu zweit machen,
geschafft, auch dieser Bewohner kommt zeitig zum Arzttermin.
Meine Kollegin und ich haben in der Grundpflege immer einen
Scherz auf Lager, das bekommen die Bewohner*innen mit
und lachen mit uns zusammen (Ziel erreicht, es geht ihnen gut).
Zur gleichen Zeit sind andere Kollegen*innen in der Pflege
unterwegs, wir treffen einige und fragen, ob es ihnen gutgeht, jaja.

Aber irgendwie haben meine Kollegin und ich den Eindruck,
wir haben heute eine Serie gewonnen, unser Gewinn ist
laufen, laufen, laufen, also weiterwaschen.
Während der Pflege haut meine Kollegin mir ausversehen
ein Handtuch ins Gesicht, ich fahre ihr einen Rollstuhl
über den Fuß, Bewohner*innen lachen sich kaputt
(Schadenfreude?), hahaha, läuft bei uns beiden.
Jetzt kommt der Lifter zum Einsatz. Aua, meine Kollegin
fährt mir den Lifter über den Fuß, danke (Lifter ist ein Gerät, um
schwere Menschen besser mobilisieren zu können).

So geht die ganze Schicht:
arbeiten, lachen, schwitzen, weitermachen.
Kurz vor Feierabend, eine Bewohnerin möchte ins
Bett gelegt werden.

Ich stehe mit der Bewohnerin vor dem Bett, ich will es mit der Fernbedienung runterfahren, geht nicht, irgendwie funktioniert es nicht, wieso?

Ach, mein Gott, bin ich durch, habe die Fernbedienung vom Fernsehen in der Hand.
Meine Kollegin kommt mir im Flur entgegen, bleibt stehen und fragt mich, ob ich ihr helfen kann,
„die Frau Sesster in den Wes… zu legen", jetzt konnte ich mich nicht mehr vor lachen halten
(Sie meinte „Frau Wes…. in den Sessel legen"), sie ist auch durch.
2 Tage später mussten wir über diesen Tag noch lachen. Ich möchte euch damit sagen, wir pflegen mit Herz und Humor.

Ich liebe meinen Beruf.

Macht hoch die Tür,
die Tor macht weit

Es gibt eine Bewohnerin. Sie ist, ich glaube, 10 Jahre
in unserem Haus, ist mittlerweile 92 Jahre alt.
Trotz des hohen Alters ist sie im Kopf noch fit.

Zahlen sind und waren immer ihre Stärke,
eine weitere Stärke ist das Singen.
Singt man ein Lied an, kennt sie den Text
und singt das ganze Lied alleine weiter.
Unsere Bewohnerin hatte mal eine Serie.
Ein Lied, welches sie wohl besonders liebt,
hat sie tatsächlich 12 Monate jeden Tag
mindestens 10 Mal gesungen, immer wieder
dasselbe Lied. Wollt ihr wissen, welches?

Das Weihnachtslied
Macht hoch die Tür, die Tor macht weit

Im Sommer fanden wir das schon schräg,
immer wieder *Mach hoch die Tür, die Tor macht weit*.
Das Lied wurde für das Pflegepersonal
eine ansteckende Krankheit, wir sangen immer wieder
Macht hoch die Tür, die Tor macht weit, mit unserer
Bewohnerin zusammen. Sie wirkte so glücklich dabei.
12 Monate ging das so, wir mussten jeden Tag lachen
und singen. *Macht hoch die Tür, die Tor macht weit*.

Liebe Leser*innen, für unsere Bewohnerin war es jeden Tag
der Höhepunkt und sie schien so glücklich dabei.

Das Pflegepersonal unterstützt natürlich unser Bestreben, die
Bewohner*innen glücklich zu machen, also weitersingen.

Macht hoch die Tür, die Tor macht weit.
Sie macht uns auch glücklich, wir lachen, lachen, lachen.

Pssst, nicht verraten: Manchmal hat es schon genervt,
trotzdem weitersingen: *Macht hoch die Tür, die Tor macht weit.*

Ich liebe meinen Beruf.

Tuck, tuck, tuck mein Hühnchen

Da gibt es eine Bewohnerin, sie ist, ich glaube,
10 Jahre im Haus, ist 92 Jahre alt, ihre Stärke: das Singen.
Moment mal, merkt ihr etwas, fällt euch etwas auf? Ja genau, die
letzte Geschichte war auch von derselben Bewohnerin.
Ich muss euch diese lustige Geschichte erzählen.
Ich bin in der Frühschicht, volles Programm.
Mittagszeit, 30 Bewohner mit einem leckeren Essen
glücklich machen.
Alle Bewohner*innen satt und jetzt müde.
Jetzt wird ein Großteil der Bewohner*innen für ein bis zwei
Stunden ins Bett gelegt. Auch meine gern singende
Bewohnerin lege ich ins Bett. Ich habe schon seit 6.00 Uhr den
Schalk im Nacken.
Muss mir etwas einfallen lassen, um meinen Kolleg*innen
Spaß zu bereiten.
Ich lege meine Bewohnerin wie eine Prinzessin ins Bett.
Bevor ich meine Bewohnerin wie eine Prinzessin ins Bett lege,
sage ich zu ihr: „Meine Liebe, wenn Sie in ca. zwei Stunden zum
Kaffee und Kuchen geholt werden, müssen Sie unbedingt
meinen Kolleg*innen das Lied *Tuck, tuck, tuck mein Hühnchen,
Tuck, tuck, tuck mein Hahn* singen.
Meine Kolleg*innen werden sich riesig freuen."

Die Bewohnerin schaut mich mit strahlenden Augen an und sagt,
dass sie das gerne tut.
14.00 Uhr, ich sitze gemütlich zuhause und denke, dass ich jetzt
gerne eine Fliege an der Wand wäre und zuschauen würde, wie die
Bewohnerin ihr Lied für die Kolleg*innen singt.
Am nächsten Tag treffe ich meine Kolleg*innen im Spätdienst
und sie fragen mich, was ich mit der Bewohnerin angestellt habe.
Ich stelle mich doof und frage wieso (ich denke: *Ja, geschafft!*).
Meine Kolleg*innen sagen mir, dass die Bewohnerin

den ganzen Nachmittag das Lied gesungen hätte.

Tuck, tuck, tuck mein Hühnchen, Tuck, tuck, tuck mein Hahn.

Dabei hätte sie mit ihren Händen auf dem Tisch im Takt dazu geklopft.

Meine Kolleg*innen fanden das so toll. Mit einem Strahlen im Gesicht erzählten sie mir, dass sie darauf einen Move aufs Parkett gelegt haben.

Meine singende Bewohnerin, die anderen Bewohner*innen und das gesamte Personal hatten einen Riesenspaß an dem Nachmittag.

Mit dieser Geschichte möchte ich euch sagen, dass man Stärken von Bewohner*innen auf lustige Weise fördern muss, dadurch wird auch Freude aufs Personal übertragen, Ziel erreicht.

Ich liebe meinen Beruf.

Ressourcen wecken

Hallo, Leute,
ich möchte euch heute die aktive Pflege erklären.
Aktive Pflege bedeutet, Ressourcen bei neuen Bewohner*innen
zu wecken. Unsere Aufgabe ist es, herauszufinden,
was sie noch können und wie wir ihnen helfen können, noch
einige Sachen selbstständig umzusetzen.

Beispiel: Eine neue Bewohnerin kam zu uns.
Sie konnte nicht mehr am Rollator stehen, geschweige
denn noch gehen.
Sie war wohl auf einen Rollstuhl angewiesen.
Wir holten uns zunächst durch Angehörige oder durch ihre
Biografie Informationen über die Bewohnerin.
Aha, Wasser ist wohl ihr größter Feind, aufgrund ihres Berufes
hatte sie oft Rückenschmerzen.

Jetzt wusste ich, wo ich ansetzen konnte. Ich holte einen Rollator,
stellte ihn vors Bett, und setzte mich zu ihr aufs Bett.
Ich begann ein Gespräch über Rückenschmerzen.
Sie sagte, dass sie Rückenschmerzen kenne und diese echt
schlimm sein können. Jetzt erklärte ich ihr, dass ich, wenn ich sie
alleine aus dem Bett hole, dann an den Rollator und dann zum
Rollstuhl bringe, auch ganz starke Rückenschmerzen bekomme.

Sie schaute mich an und sagte: „Was machen wir jetzt?"
Ich sage zu ihr, dass wir gemeinsam probieren aufzustehen.
„Oh ja", sagt sie. Sie möchte ja nicht, dass ich Rückenschmerzen
bekomme (geistige Ressource habe ich jetzt geweckt).
Ich setzte sie auf die Bettkante, Rollator davor, Bremsen fest.
Ich erklärte ihr, dass wir jetzt zusammen aufstehen, an den
Rollator gehen und dann zum Rollstuhl gehen. Ich sagte ihr,
dass sie mithelfen muss, sie soll an meinen Rücken denken.

„Wir zählen bis 3, dann stehen wir auf." Erster Versuch
fehlgeschlagen.
Weiter, nicht aufgeben, es hat dann mit viel Mühe geklappt.
Dann kam der Tag der Tage.
Meine Bewohnerin stand alleine auf, setzte sich in den Rollstuhl,
schaute mich an und sagte mit strahlenden Augen zu mir:
„Schwester, jetzt bekommen Sie keine Rückenschmerzen mehr."

Jetzt strahlte ich sie an, nicht wegen der Rückenschmerzen,
sondern, weil wir beide einen großen Erfolg erzielt haben.
Übrigens: Ihr Feind, das Wasser, ist auch kein Problem mehr,
sie wäscht sich am Waschbecken selbst, und das mit Freude.

Ich habe es geschafft, körperliche und geistige Ressourcen
zu wecken.
Jede kleinste Handlung, die wir erreichen, ist für beide
Seiten ein Erfolg.

Ich liebe meinen Beruf.

Entführung im Aldi

Hallo, Leute,
vor ca. einem Jahr bekamen wir eine neue Bewohnerin
auf unsere Station. Sie hatte eine Magensonde, damit wurde sie
ernährt (Schluckbeschwerden?).
Sie kam zu uns in die Vollpflege, konnte nicht mehr laufen.
Wir mussten ihr zu zweit in den Rollstuhl helfen.
Sie hatte tolle Angehörige, die regelmäßig zu Besuch kamen.
Sie ist/war eine tolle Persönlichkeit.
In der Grundpflege erzählte sie uns unglaubliche Geschichten,
z. B. folgende Geschichte von ihr.
„Ich bin mit dem Bett zum Aldi gefahren.
Ich habe Kartoffeln, Wurst, Käse und Brot eingekauft,
bin dann zur Kasse gefahren (natürlich mit dem Bett),
da kam ein junger Mann, der hat mich dann entführt.
Gott sei Dank konnte ich mich selbst retten (mit dem Bett).“
Wir haben ihr gespannt zugehört und ihre Aussagen
sehr ernst genommen.
Auf der einen Seite diese und andere Geschichten, auf der
anderen Seite ist/war sie voller Lebensmut.
Eines Tages fragte sie: „Kann ich mich einmal selbst am
Becken waschen?“
Okay. Wir überlegten, wie wir sie dabei unterstützen könnten.
Wir haben sie mit dem Rollstuhl ans Waschbecken gefahren
und waren gespannt.
Es hat funktioniert, Tag für Tag. Auf einmal verlangte sie feste
Nahrung, trotz Magensonde (wir sprechen jetzt von
Selbstbestimmung), wir gaben ihr trotz Magensonde
Kaffee/Joghurt (wurde vorher mit dem Arzt abgesprochen).
(hatten natürlich Respekt davor, ob es funktioniert).
Wir hatten das Gefühl, sie schafft es, und tatsächlich hat
sie es geschafft.

Mittlerweile hat sie keine Magensonde mehr,
kann ganz normal essen.
Unsere Freude war riesig, auf einmal lief sie alleine mit dem
Rollator, wir hatten Glücksgefühle, was für eine Energie und
Willenskraft diese Bewohnerin hatte.

Auf eigenen Wunsch ist sie wieder zu Hause in ihrer Wohnung,
was wir anfänglich nicht geglaubt hätten.
Ab und zu treffe ich sie auf meinem Nachhauseweg im
Ort und es wird herzlich gegrüßt.
Mit viel Lebensmut und Unterstützung der Familie hat
sie es geschafft.

Diese Bewohnerin werde ich nie vergessen, sie hat uns gezeigt,
was Lebensmut bewirken kann.
Ich weiß, was es heißt, zu kämpfen. Wir haben den
Kampf gewonnen.

Ich liebe meinen Beruf.

Frau Holle

Hallo, liebe Leser,
ich hatte euch in einer Geschichte erzählt, dass ich
Inko-Beauftragte bin. Das bedeutet, dass ich entscheide, welches
Inko-Material jede*r Bewohner*in tragen muss.
Wir hatten eine Bewohnerin, ihr erinnert euch an sie
(das war die Bewohnerin mit den rohen Eiern im Briefkasten).
Diese Bewohnerin braucht auch für die Nacht Vorlagen,
sie kann den Urin nicht mehr halten.

Jeden Morgen, wenn ich zu ihr ins Zimmer kam,
war eigentlich immer alles klar.
Bis zu dem Morgen, an dem ich dachte, der Boden tut sich auf,
ich glaube, ich bin im falschen Film.
Stellt euch vor, wir legen unsere Bewohner*innen gepflegt und
liebevoll ins Bettchen, der Nachtdienst schaut regelmäßig nach
den Bewohner*innen. Alles okay.

Der Spätdienst macht Übergabe an den Frühdienst, jede*r
Bewohner*in wird besprochen, ob es einen Vorfall gab.
Nein, alles okay.
Ich gehe frohen Mutes zu meiner ersten Bewohnerin
(die mit den Eiern), mache die Tür leise auf und wünsche einen
Guten Morgen.
OH MEIN GOTT!

Ich liebe Märchen ja unheimlich, auch das Märchen
von Frau Holle.
Ich hätte nicht gedacht, dass ich Frau Holle einmal live erlebe.
Das ganze Zimmer war voll mit weißen Flocken. Ich stand da,
ich war total überfordert, und das morgens um 7.00 Uhr.
Tür zu, raus aus dem Zimmer, wo ist unsere Putzperle?
„Bitte, liebe Kollegin, du musst mir helfen, Flocken zu beseitigen.“

Wir stehen beide im Türrahmen, schauen ins Zimmer und fangen herzhaft an zu lachen.

Unsere Bewohnerin hat wohl kurz vor Dienstbeginn, als sie wach wurde, Frau Holle gespielt. Die komplette Vorlage war in ihre Einzelteile zerrissen, das ganze Innenleben der Vorlage schön im Zimmer verteilt.
Mit Unterstützung unserer Putzperle war das Zimmer wieder sauber.

Ihr Lieben da draußen, ich möchte 90 Geschichten in meinem Buch schreiben, ich glaube, das wird nicht reichen, hab noch ein paar Jahre bis zur Rente.

Mein Buchtitel „ *Abenteuer einer Pflegeassistentin*"
ist so was von gerechtfertigt. Was wir in der Pflege in der Früh-, Spät- und Nachtschicht erleben, das kann uns keiner mehr nehmen.
Freut euch auf weitere Geschichten, ihr seid theoretisch mit in der Pflege.

Ich liebe meinen Beruf.

Mein Buch, für euch da draußen

Liebe Leser*innen,
ich möchte euch heute erklären, was es für mich bedeutet,
dieses Buch zu schreiben.

Meine Gefühle gehen im Moment rauf und runter,
ich habe so viele Bewohner*innen in den letzten
Jahren kommen und gehen sehen.
Ich denke über die schönen Erlebnisse mit Bewohner*innen,
die von uns gegangen sind, nach.
Da fließen auch schon mal ein paar Tränen.
Denke auch über den Stress nach, den wir in der Pflege haben.

Wut und Hilflosigkeit sind in mein Gesicht gezeichnet,
aufgrund der Pflegesituation in allen Pflegeeinrichtungen.

Das Buch, das ich für alle da draußen schreibe, tut mir gut,
es ist für mich eine Therapie, um meinen Stress abzubauen.

Es gibt Momente, da frage ich mich, wieso schreibst du jetzt,
bin total müde und kaputt.
Klar bin ich total müde, aber der Wille, das Buch zu Ende zu
schreiben, ist so groß, dass ich schreiben muss.

Die Krönung für mich ist dann, wenn mein Mann nach
Hause kommt und mich fragt: „Schatz, hast du eine neue
Geschichte geschrieben?"
Ich kann dann mit Stolz antworten: „Ja, habe ich."
(jetzt geht es mir gut).

Und in meinem Kopf ist schon die nächste Geschichte,
die ich wirklich erlebt habe.

Also, morgen erst einmal Frühdienst, dann nach Hause und schreiben, schreiben, schreiben.

Ich liebe es, dieses Buch zu schreiben.

Ich liebe meinen Beruf.

Kinderpinguin

Hallo, Leute,
habt ihr auch schon mal nachts Hunger? Es gibt bei uns Bewohner*innen, sie werden nachts wach und haben Hunger.

Unsere Nachtwachen haben für den Nachthunger kleine Snacks im Angebot. Eine Bewohnerin, die nachts immer wach wurde, verlangte nach Kinder Pinguin (Sie liebt diesen, mit viel Schokolade überzogenen, Snack). Sie ist noch recht selbstständig und kann den Riegel alleine essen. Die Nachtwache gab ihr ein, zwei oder drei Riegel und ging.

Frühdienst. Meine Kollegin geht in ihr Zimmer, um die morgendliche Versorgung zu machen, macht das Licht an, wünscht einen Guten Morgen.
Oh mein Gott, meine Kollegin sieht überall Schokolade, das Bett ist nicht mehr weiß, es ist schokoladenbraun.

Ja, es gibt nicht nur Schokoladenpinguine, es gibt auch Schokoladenbettwäsche. Zu dieser Zeit bin ich im Nebenzimmer und höre meine Kollegin – oh nein – „Schokolade" sagen.
Ich dachte: *Da stimmt doch etwas nicht,* gehe rüber und sehe das Schokoladenbett. Meine Kollegin steht sprachlos vor dem Bett, die Bewohnerin schaut uns mit 100 Fragezeichen im Gesicht an. Meine Kollegin fragt die Bewohnerin, wie viele Kinder Pinguine sie gegessen habe. Schade, dass mein Buch kein Fernseher ist, der Gesichtsausdruck unserer Bewohnerin war fraglich und sie sagte zu uns: „Pinguine? Ich hab doch nur Kartoffelsalat mit Würstchen gegessen." Diese Geschichte zeigt uns Pflegekräften, wie groß unser Herz sein muss.
Wir lieben diese Bewohner*innen von ganzem Herzen.
Ich liebe meinen Beruf.

Bergfest von meinem Buch

So, ihr Lieben,
Jetzt habe ich Bergfest, das heißt 45 von 90
Geschichten. Mein Ziel ist es, 90 Geschichten zu schreiben,
und dann möchte ich gerne das Buch veröffentlichen.
Ich weiß heute noch nicht, wie man so ein Buch veröffentlicht,
werde mir, wenn es so weit ist, Hilfe holen.

In den ersten 50 Geschichten habe ich viele Gefühle erlebt.
Ich habe geweint, ich habe gelacht, ich habe nachgedacht,
ob das der richtige Beruf für mich ist. Soll ich das Buch schreiben?

Ich habe immer wieder Unterstützung von
meinem Karl bekommen.
Er meinte: „Schatz, schreibe weiter.“
Unterstützung von den Kolleg*innen: „Schreib weiter, Désirée.“

Ohne diese Unterstützung hätte ich nicht den Mut gehabt und
wäre vielleicht nicht so weit gekommen.

Jetzt tief Luft holen, einen Tag Pause und weiter schreiben.
Ich habe für euch noch einige Geschichten im Kopf.
Auch wenn wieder Wut, Trauer, Tränen, Lachen
oder Verzweiflung in mir aufkommen.

Ich freue mich jetzt darauf, die nächsten Geschichten für
euch zu schreiben.
Mit jeder Geschichte komme ich meinem Ziel näher.

Ich wünsche euch jetzt viel Spaß auf der Reise durch die
nächsten 40 Geschichten.

Ich liebe meinen Beruf.

Demenz klopft an, ich bin jetzt da

Hallo, Leute,
auf einmal ist sie da, die Demenz.
Eine Bewohnerin, sie war in der Phase, in der sie noch
alles alleine machen konnte.
Dann kam der Tag, an dem wir merkten, ihr Körper und
ihr Geist spielen mit ihr Karussell.
Okay, wir müssen sie jetzt mehr beobachten.
Die Demenz sagt zu unserer Bewohnerin: „Hallo, ich bin da.“

In der Nacht schläft sie im Sessel anstatt im Bett.
Am Morgen sitzt sie komplett angezogen im Sessel,
obwohl wir sie abends im Nachthemd ins Bett gelegt haben.

„Guten Morgen, meine Liebe, wieso sind Sie schon angezogen?“
Ihre Antwort: „Ich muss doch jetzt zum Frühstück.“
Okay, es ist 5.15 Uhr, Frühstück ist um 7.30 Uhr.
Also die Gute wieder ausziehen, Toilettengang, waschen,
Zahnpflege und frisch anziehen.
Während der Pflege sagen wir ihr Schritt für Schritt,
was sie machen soll. Alles, was sie vor kurzem noch konnte,
klappte nicht mehr, sie machte genau das Gegenteil.

Ich denke: *Mein Gott, wie kriege ich das bloß mit ihr hin?*
Ich wiederhole immer und immer wieder, was sie machen
soll, um Erinnerungen bei ihr zu wecken, damit sie
es umsetzen kann. Irgendwann geschafft.

Jetzt musste ich noch ihr Zimmer aufräumen,
sie hat in der Nacht das Zimmer von links nach rechts gedreht.
Bewohnerin versorgt, Zimmer wieder sauber,
Bewohnerin beim Frühstück.

Ich lehne mich an die Wand, hole tief Luft und denke nach.
Ein Lächeln kommt über meine Lippen, ich muss jetzt lachen,
und denke mir, dass ich, wenn ich einmal so weit bin, so werden
möchte wie diese Bewohnerin. Warum?

Ganz einfach, sie ist in der Situation, in der sie sich befindet,
einfach nur glücklich. Sie lacht in jeder Situation und ist den
ganzen Tag gut drauf.
Das bedeutet, Demenz kann auch glücklich machen,
wenn man die entsprechende Unterstützung bekommt.

Ich liebe meinen Beruf.

Wenn Senioren aus ihrem Leben erzählen

Hallo, Leute,
heute schreibe ich euch eine Geschichte über das
Thema Biografie. Wenn neue Bewohner*innen zu uns ins
Haus kommen, muss eine Biografie erstellt werden.
Das bedeutet, wir wollen sie kennenlernen,
z. B. ihre Gewohnheiten, was essen sie gerne, wann sind sie
gerne ins Bett gegangen, wann stehen sie auf, wann duschen sie,
welche Seife benutzten sie usw.

Die Biografie wird teilweise durch die Bewohner*innen erstellt,
wenn sie nicht mehr dazu in der Lage sind, auch durch
die Angehörigen.
Ich persönlich habe die Erfahrung gemacht, dass die Biografie
auf zwei, drei Seiten Papier nur ein Tropfen auf den heißen Stein
ist. Ich lerne die Gewohnheiten der Bewohner*innen besser
kennen, indem ich mit ihnen viel kommuniziere.

Ich erstelle in meinem Kopf meine eigene Biografie. Ich arbeite
und wecke gleichzeitig Erinnerungen bei den Bewohner*innen.
Ich erzähle euch mal von einer Unterhaltung mit einer
Bewohnerin. Ich dusche gerade eine Bewohnerin, ich nenne sie
mal liebevoll Gerda.
Gerda ist stolze 90 Jahre alt.
Ich frage Gerda, ob es früher, als sie Kind war, noch keine Dusche
gab und ob sie immer gebadet hat. Gerda antwortet: „Ja, wir
haben jeden Samstag gebadet. Wir hatten kein Badezimmer, es
wurde also eine Zinkwanne in die Küche getragen, Wasser auf
dem Herd erwärmt, damit wurde die Wanne gefüllt und alle
sieben Geschwister haben im selben Wasser gebadet."
Ich dachte: *Okay.*

„Gerda, wie habt ihr das Wasser wieder aus der Wanne herausbekommen?"

Gerda sagte: „Wir Kinder mussten dann mit Eimern das Wasser herausholen und in den Abfluss gießen."

Sie erzählte mir noch von dem Sonntagsbraten, den sie gerne gegessen hat.

Ihr Gesicht strahlte bei der Unterhaltung, ich merkte, was ich mit meinen Fragen bei Gerda ausgelöst habe, es schien ihr dabei gutzugehen. Sie erzählte noch, dass die Zähne am Spülbecken geputzt wurden. Ich habe so in den letzten Jahren viel über die Gewohnheiten und Wünsche unserer Bewohner*innen erfahren.

Während ich diese Geschichte schreibe, stelle ich fest, was wir heute für einen Luxus und was für Hygienemöglichkeiten wir haben.

Hygiene ist für uns heute mit am wichtigsten.

Wie die Hygiene früher war, hat kaum jemanden interessiert.

Trotz aller Unterschiede zu damals werden die Bewohner*innen locker 90 und älter.

Früher freute man sich eine Woche lang auf den Sonntagsbraten, heute wird fast täglich Fleisch gegessen. Ich könnte noch viele solcher Geschichten und Erlebnissen schreiben.

Ich danke Gerda für die schöne Geschichte.

Aus den erlebten Geschichten und Erlebnisse unserer Bewohner*innen nehme ich für mich persönlich viel mit.

Anmerken möchte ich noch:

Die Kommunikation mit den Bewohner*innen ist sehr wichtig, so lernt man die Bewohner*innen besser kennen, als sich von zwei, drei Blättern Informationen zu holen.

Ich liebe meinen Beruf.

Das Zäpfchen

Neue Geschichte, ein nicht so schönes Thema, das Zäpfchen.
Erklärung: Viele Bewohner*innen haben im hohen Alter
schon mal eine Darmträgheit. Das heißt, der Darm ist voll,
bekommt aber keine Information vom Gehirn,
du musst jetzt auf Toilette.

Nach 4 Tagen, Bewohner*innen hatten keinen Stuhlgang,
jetzt müssen wir Pfleger*innen reagieren.
Wir müssen dem*der Bewohner*in ein Zäpfchen setzen,
damit der Darm sich entleeren kann.
Zur Erklärung: Es besteht die Gefahr, dass es zu einem
Darmverschluss kommt, wenn zu lange kein Stuhlgang war.
Wir haben die große Verantwortung, darauf zu achten.

Jetzt müssen wir bei einem*einer Bewohner*in ein
Zäpfchen setzen.
Bei einem*einer? Nein, nein, oft zur gleichen Zeit bei
fünf Bewohner*innen.

Das bedeutet für uns in der Pflege: Gleich, wenn die Zäpfchen
wirken, geht eine Klingel nach der anderen.
Jetzt heißt es rennen, von einem zum anderen, um sie/ihn
rechtzeitig auf die Toilette zu setzen.

Manchmal schaffen wir das Rennen nicht.
Macht nichts, Hauptsache der Darm ist nun nach 4 Tagen leer.

Ihr denkt jetzt bestimmt: die armen Bewohner*innen! Nee nee,
die Bewohner*innen sind jetzt erleichtert, endlich kein Druck
und kein Schmerz mehr.

Ihr könnt uns glauben oder nicht glauben, von Bewohner*in zur Pflegekraft, die Sch... ist kein Thema, sondern eine Lachnummer.

Die Bewohner*innen haben sich entleert,
wir Pfleger*innen sind glücklich, alles ist gut.

Ich liebe meinen Beruf.

Der Tuber

Heute ist der 01.09.2023, hatte meinen Lieblingsdienst –
Frühschicht. Bin zu Hause, habe für meinen Karl und auch für
mich gekocht. Wollte heute eigentlich eine Auszeit vom Schreiben
nehmen. Aber geht leider gar nicht, denn was heute im
Frühdienst geschehen ist, bekomme ich morgen wahrscheinlich
so nicht mehr aufs Papier.

Ich bin mit einer Kollegin in der Versorgung. Ein Bewohner
erzählt uns, dass es eine Salbe für sein Gesicht gibt und damit nun
sein Gesicht eingecremt werden muss.
Wir stellen fest: Keine Salbe mehr da.
Ich gehe zu meiner Exe (liebevoller Ausdruck für die Fachkraft),
sage ihr, dass wir die Salbe für das Gesicht des
Bewohners brauchen.

Zur Mittagszeit liegt die Salbe bei unserem
Bewohner auf dem Tisch.
Prima, Tube raus und das Gesicht des Bewohners eingecremt.

Ich nehme die Tube mit ins Schwesternzimmer, zu dieser Zeit
ist die Übergabe vom Früh- in den Spätdienst.
Büro ist voller Personal, ich stehe mit der Tube in der Hand vor
meiner Chefin, halte ihr die Tube (Salbe) vors Gesicht und sage
zu ihr: „Kannst du die Tube in den Tubenschrank legen,
damit die nächste Tube (Kollegin) dem Tuber (Bewohner)
die Tube (Salbe) ins Gesicht tuben (eincremen) kann?"
Meine Chefin schaut mich an und fängt an zu lachen,
sagt dann zu mir: „Was ist denn, wenn der Tuber (Kollege)
vergisst, die Tube (Salbe) mit zum Tuber (Bewohner)
zu nehmen?"

Meine Antwort: „Dann schreib doch dem Tuber (Kollege) einen Tuber (Zettel), dass er die Tube (Salbe) mit zum Tuber (Bewohner) nimmt und ihn damit eintubert (eincremt)."

Mittlerweile war die Übergabe geplatzt, keine der Kollegen*innen hatte mehr einen Kopf zum Denken, meine Kollegen*innen meinten, dass ich total durchgeknallt wäre, es wurde nur noch gelacht.

Übergabe verzögerte sich um viele Minuten.

Also, liebe Leser*innen,
mit dieser Geschichte möchte ich euch sagen:
Wenn ihr euch für den Pflegeberuf entscheidet, braucht ihr nicht nur viel Empathie, nein, es gehört auch eine große Tüte Humor mit in die Pflege und zu den Kolleg*innen.

Ich liebe meinen Beruf.

Die Wohnbereichsleiterin

Hallo, Leute,
in der nächsten Geschichte erzähle ich von der guten
Chefin auf Station Blau und Grün.

2020 stand zur Debatte, wer neue WBL wird
(Wohnbereichsleitung auf Station Blau /Grün).
Entscheidung war gefallen, wir kennen sie vom Sehen
(Station Rot).
Da ist der erste Tag unserer neuen WBL.
Sie kommt zum Dienstbeginn, wir begrüßen sie mit „Guten Tag",
von ihr kam ein „Hm".
Oje, dachten wir. Sie wird bei uns WBL, verantwortlich für das
gesamte Personal und die Bewohner*innen auf unserer Station.
HEIDEWITZKA!

Zur gleichen Zeit ist er da, der verdammte Virus, Corona.
Jetzt muss die neue WBL reagieren, keiner hatte mehr Zeit,
mit der neuen WBL ein persönliches Gespräch zu führen.
Corona war da, mit aller Macht, es wurde nur noch reagiert,
täglich neue Situationen, Hygieneregeln, Stress ohne Ende.

Unsere Ex-WBL war aufgestiegen zur PDL (Personaldienstleitung
für das ganzer Haus).
Vor dem Wechsel der WBL wurde viel gelacht und wir
hatten viel Spaß auf der Arbeit. Wir wussten nicht,
wie wir uns verhalten sollten.
Als wir Corona halbwegs im Griff hatten, fasste ich mir ein Herz,
ging zu unserer neuen WBL ins Büro, um mich bei ihr
persönlich vorzustellen. „Hallo, ich bin Désirée und wollte gerne
ein persönliches Gespräch."

Ihre Antwort: „Von dir habe ich schon gehört." Hä, okay.

Ich habe ihr viel erzählt, ich habe sie an die Wand gequatscht.
Für mich war das Gespräch gut.

Irgendwann hatte Corona keine Macht mehr über uns,
der Stress ging runter.
Jetzt konnten wir unserer neuen WBL einmal zeigen,
wie wir ticken.
Viel lachen, auch schon mal Kolleg*innen verarschen
(ich kann das bis heute sehr gut).
Auch die neue WBL machte bei guter Laune mit, jetzt war
der Knoten geplatzt und sie war voll im Team.
Unsere WBL ist von der Nationalität her Türkin, ohne Kopftuch.
Wir arbeiten mittlerweile 3 Jahre mit ihr zusammen,
sie spricht sehr gut Deutsch.

Irgendwie habe ich das Gefühl, es dauert nicht mehr lange
und mein Deutsch hört sich türkisch an, ihr Slang schlägt
auf uns über.
Jeden Tag müssen wir darüber lachen und wir haben
viel Spaß auf der Arbeit.
Aber Achtung, unsere WBL kann auch anders,
sie ist die Chefin3 von Station Blau/Grün;
wenn es sein muss, gibt es auch Ansagen, und das ist gut so.

Was ich mit der Geschichte sagen möchte?
Bitte keine Vorurteile vor neuen Mitarbeitern oder neuen Chefs.

Macht euch ein eigenes Bild.
Am besten den Neuen oder die Neue an die Wand
quatschen, haha.
Nein, ohne Blödsinn, gebt jedem Menschen eine Chance
und ihr werdet beschenkt.

Ich liebe meinen Beruf.

Teamgespräch im Kleiderschrank

Neue Schicht. Wir, das Team von Blau/Grün sind schon ein
lustiger Haufen. Ob Früh- oder Spätdienst, wir haben immer
etwas zu lachen.
Natürlich nicht nur lachen, auch Wut über zu wenig Personal,
auch Tränen über traurige Situationen.
Aber der Spaß und der Schalk helfen uns in der täglichen Pflege.

Heute fängt eine neue Examinierte bei uns an,
sie ist natürlich eine Vorgesetzte für uns Pflegeassistenten*innen.
Oha, Benehmen ist angesagt, wir wissen ja noch nicht,
wie sie tickt. Ich habe schon seit dem Morgen den Schalk im
Nacken. *Muss mich benehmen*, geht mir durch den Kopf,
wird schwer für mich.

Neue Kollegin kommt, schlanke Statur, natürlicher Typ.
Sie begrüßt uns, schaut mich an, ich sehe mal wieder aus
wie ein Papagei, buntes Oberteil, passende Schuhe, Ohrringe
und passender Lippenstift.
Sie wirkt sehr nett und ruhig, sucht auch die Hilfe von uns,
um in die Situation unserer Station reinzukommen.
Natürlich werden wir ihr helfen.

Der Dienst beginnt, jeder nimmt seinen Pflegewagen und
marschiert zu seinen zugeteilten Bewohner*innen.
Unsere neue Examinierte begleitet uns, ist ruhig und
konzentriert bei der Arbeit. Wir haben sie tatkräftig unterstützt.

4 Stunden sind nun um; es ist schwer, meinen Schalk im
Nacken zu unterdrücken.
Ich muss unbedingt noch etwas anstellen, bevor ich
an meinem Schalk ersticke.
Bin mit einer Kollegin bei einer Bewohnerin im Zimmer,

sie muss zu zweit versorgt werden.
Jetzt fällt mir was ein, ich hatte keine Chance mehr,
mich zu benehmen.
Ich sage zu meiner Kollegin, dass wir jetzt
Teambesprechung haben.
„Wo denn?" Ich sage: „Ja, hier im Kleiderschrank."

Meine Kollegin ist eine coole Socke, sie macht natürlich mit.
Ich mache den Kleiderschrank auf, wir stellen uns rein
und fangen herzhaft an zu lachen, auch die Bewohnerin
konnte sich nicht mehr halten und lachte mit.

Plötzlich geht die Zimmertür auf und unsere neue Examinierte
steht vor uns zwei Deppen und fragt uns, was wir da machen.
Aus dem Bauch heraus antworte ich ihr:
„Wir haben im Kleiderschrank eine Teambesprechung."
Unsere neue Kollegin, wir zwei Deppen und die Bewohnerin
konnten uns vor Lachen kaum halten.

Durch diesen Vorfall und noch viele lustige Situationen,
die danach folgten, haben wir den Humor der neuen Kollegin
geweckt. Sie hat heute genauso viel Spaß und Freude
auf unserer Station.
Es ist herrlich, heute verarschen wir uns gegenseitig.

Danke, dass du in unserem Team angekommen bist.

Diese Geschichte soll euch sagen: Versteckt euch nicht,
seid offen, lustig und habt viel Freude bei der Arbeit.

Ich liebe meinen Beruf.

Eine Prothese lernt das Fliegen

Hallo, Leute,
wie fast immer Frühdienst (mein Lieblingsdienst).
Wir haben einen Tisch im Wohnbereich, ca. 4 m lang.
Hier sitzen die Bewohner*innen und nehmen den ganzen
Tag ihre Mahlzeiten zu sich.

Zwischen den Mahlzeiten werden sie vom Betreuungsdienst
mit Unterhaltung, Vorlesen, Spiele, Basteln usw. verwöhnt.
An einem Kopfende sitzt immer die gleiche Bewohnerin.
Sie hat den coolen Überblick am Tisch.
Sie hat die Begabung, so laut zu niesen, das alle anderen
Bewohner*innen sich immer erschrecken.
Doch ratet mal, was an diesem Tag geschieht?
Da erschrecken sich nicht nur die anderen Bewohner*innen.

Drei Stunden nach dem Frühstück, alle sitzen am Tisch und
werden vom Betreuungsdienst verwöhnt, auch unsere Nieserin.
Alle scheinen sich wohl zu fühlen.

Jetzt passiert es, unsere Nieserin muss mal wieder so laut niesen,
dass alle Bewohner*innen zusammenzucken.
Alles gut und schön, das Niesen kannten wir schon,
was aber dann passierte, darauf waren wir nicht vorbereitet.

„Kommt ein Vogel geflogen" kennt ihr ja,
wir kennen jetzt aber *„Kommt eine Prothese geflogen"*.

Das Niesen war so stark, dass die Prothese fliegen lernte. Sie ist
aber nicht einfach auf den Tisch gefallen, nein, sie ist über
den ganzen Tisch geflogen. Alle haben sich heftig erschrocken,
danach wurde laut gelacht. Die Prothese hat den Flug tatsächlich
überlebt. Die Prothese hat jetzt den Flugschein.

Weshalb habe ich die Geschichte erzählt?

Ganz einfach, es war wieder eine Situation, die mich auf die nächste Schicht freuen lässt.

Jede Schicht kann ein kleines Abenteuer werden.

Ich liebe meinen Beruf.

Die Kurzzeitpflege

Nächstes Thema ist die Kurzzeitpflege.
Bewohner*innen kommen aus dem Krankenhaus
(nach einer Verletzung) oder sie kommen zu uns,
damit die pflegenden Angehörigen einmal Urlaub machen
können, um neue Kraft zu tanken.
Wir kümmern uns jetzt um alles, z. B. Physiotherapie
organisieren, Wunden versorgen oder einfach für
den*die Bewohner*in pflegerisch da zu sein,
bis es wieder nach Hause geht.

Ich persönlich finde die Kurzzeitpflege schwer. Warum?
Da kommt ein kranker Mensch für kurze Zeit zu uns,
wir müssen nun versuchen, Vertrauen zu erlangen
(das geht nicht an einem Tag).
Wir müssen den Bewohner kennenlernen,
seine Gewohnheiten, seine Wünsche usw.
Wenn keine Biografie vorliegt, ist das viel Arbeit.
Eine Woche vorbei, wir haben das Vertrauen erreicht,
Empathie und Sympathie ist aufgebaut.
Bewohner*in scheint sich wohl zu fühlen.
Wir lachen und reden viel, haben den*die Bewohner*in
kennen und lieben gelernt, haben viel aus
seinem*ihrem Leben erfahren.

Der*Die Bewohner*in gehört jetzt zu uns
(immer im Kopf: Er/Sie geht bald wieder nach Hause).
Dann ist die Zeit gekommen, Verabschiedung.
Natürlich freuen wir uns, wenn es
dem*der Bewohner*in wieder gut geht
und wir unsere Aufgaben gut gemacht haben.

Die letzte Kurzzeitpflege war eine coole Socke, er hatte dieselbe
Schnüss wie ich, viel Verständnis für das Pflegepersonal,
stellte keinerlei Ansprüche. Dann kam der Tag, er fuhr heim.
Ich habe mich mit verabschiedet mit den Worten:
„Ich freue mich für Sie, dass Sie wieder nach Hause können,
bin aber auch sauer, dass Sie uns verlassen, am liebsten
würden ich Sie hierbehalten."
Tränen schossen uns beide in die Augen. Seine Frau,
die ihn abholte, nahm mich in den Arm, bedankte sich herzlich.
Sie hat dann auch eine Träne vergossen.
Solltet ihr beide irgendwann mein Buch lesen – viele liebe Grüße
von Désirée und Kolleg*innen

Liebe Leute da draußen,
wir tun alles in der Kurzzeitpflege, was dem*der Bewohner*in
guttut, wir müssen dann auch loslassen können, auch wenn es
schwerfällt. Sie kommen, sie gehen, wir sind da.

Ich liebe meinen Beruf.

11 Klingeln auf einen Streich

Hallo, Leute,
habe Spätdienst (nicht mein Lieblingsdienst,
ist okay, muss leider auch sein).
Ich habe in meiner Schicht eine männliche Exe.
Er ist ein cooler Typ und sehr fleißig.
Die Schicht läuft ganz gut, 17.00 Uhr, Abendbrotwagen ist da.
Mein Kollege fängt um 17.30 Uhr an, das Essen zu verteilen.
Ich komme dazu, komme, um zu helfen und stelle zum
hundertsten Mal fest, dass er die Servietten
vergessen hat, typisch Mann.
Abendbrot fertig, die ersten Bewohner*innen fangen schon
an mit den Füssen zu scharren, sie wollen ins Bett.
In meinem Gang sind 11 Bewohner*innen, die ich für die Nacht
fertig machen und ins Bett legen muss.

Es geht auf den Feierabend zu, bin am Ende meines Ganges
noch bei einer Bewohnerin und halte mit ihr ein Schwätzchen.
Tut ihr und mir auch gut. Ich wünsche ihr eine gute Nacht,
verlasse das Zimmer. Ich trete in den Flur und bekomme
fast einen Blutsturz, Klingeln von allen 11 Zimmern in
meinem Gang auf Rot.
Meine Gedanken spielen verrückt, es können doch
nicht alle 11 Bewohner*innen die Klingel gedrückt haben.
Gehe in das erste Zimmer, Bewohner*in schnarcht,
nächstes Zimmer Bewohner*in schläft,
so geht das in allen Zimmern.
Alle Bewohner*innen schlafen.

Hier stimmt etwas nicht, gehe zu meinem Kollegen, erzähle ihm
davon und meine zu ihm: „Vielleicht ist die Elektronik kaputt."

Irgendwie schaut er mich blöde an, ich sehe in seinem
Gesicht den Schalk.
Jetzt bekommt mein Kollege einen Lachanfall und
grinst mich an.
Hat er doch tatsächlich in der Zeit meines Schwätzchens
in allen meinen Zimmern die Klingeln auf Rot gedrückt.
Das war eine Retourkutsche für meinen Schalk, den ich oft
für meinen Kollegen im Nacken hatte.
Jetzt musste auch ich heftig lachen.

Es ist 20.00 Uhr, wir sind durch, kaputt und müde,
den Humor haben wir dennoch, gehen mit einem guten Gefühl
nach Hause und freuen uns auf die gemeinsame nächste Schicht.

Ich liebe meinen Beruf.

Die Angehörigen unserer Bewohner*innen

Hallo, ihr Lieben,
das heutige Thema:
Die Angehörigen unserer Bewohner*innen.

Da gibt es die Ehefrau/den Ehemann, Töchter, Söhne, Bruder,
Schwester, Enkel.
Für alle ist es nicht einfach, loszulassen und Vater/Mutter
in unsere Obhut zu geben.
Sie schaffen es nicht mehr, ihren Vater oder ihre
Mutter selbst zu versorgen.
Die ersten Gespräche und Informationen der Angehörigen
sind für uns wichtig, wir haben dann einen ersten Eindruck.
Wir hören dann, das mag er/sie oder mag er/sie nicht.
Diese ersten Gespräche mit den Angehörigen helfen uns.

Ein neuer Bewohner kommt zu uns, wir hören den
Angehörigen gut zu.
Wir sehen auch die Verzweiflung in ihren Gesichtern.
Wir wissen, es ist für die Angehörigen ein großer Schritt,
ihren geliebten Menschen in unsere Hände zu geben.
Eine Zeit ist vergangen und wir stellen fest: Vieles, was die
Angehörigen uns sagten, trifft nicht mehr zu.
Menschen im hohen Alter verändern sich teilweise schnell.
Sie verlieren ihre Ressourcen, bekommen einen Demenzschub.
Die Angehörigen kommen zu Besuch und stellen fest,
dass ihr Vater oder ihre Mutter sich sehr verändert hat,
fragen uns, was mit Vater/Mutter passiert ist.
„Vater/Mutter hat sich sehr verändert, erkennt uns nicht mehr."

Jetzt müssen wir Pfleger*innen die Angehörigen auffangen,
wir sehen Angst und Trauer in ihren Gesichtern.
Mit unserer jahrelangen Erfahrung erklären wir den Angehörigen,
wie so eine Demenz und das Älterwerden verlaufen.
Langsam begreifen die Angehörigen, wie das Altern funktioniert.
Jetzt ist es wichtig, den Spagat zwischen Angehörigen und
Bewohner*in zu finden, und glaubt mir,
das ist weiß Gott nicht einfach.

Mit dieser Geschichte möchte ich euch sagen, wir sind nicht nur
für die Bewohner*innen da, sondern auch für die Angehörigen.
Ich habe manchmal das Gefühl, für sie ist die
Situation sehr schwer.
Liebe Angehörigen, wir sind für euch da, begleiten euch gerne.

Ich liebe meinen Beruf.

Kinderspielhaus zu vermieten

Hallo, liebe Leser*innen,
die nächste Geschichte liegt schon ein paar Jahre
zurück, habe sie aber immer noch im Kopf.
Eine Bewohnerin, sie hatte ihr Bett am Fenster.
Wenn man aus dem Fenster schaute, sah man in der Ferne,
in einem schönen Garten gelegen, ein Kinderspielhaus.
Unsere Bewohnerin war nicht dement,
sie hatte körperliche Einschränkungen.

Eine Kollegin und ich versorgten diese Bewohnerin jeden Morgen.
Wenn wir mit der Pflege fertig waren, zogen wir die Rollos
Hoch und erfreuten uns an dem Anblick des Kinderspielhauses.
Es wirkte wie ein Anziehungsmagnet, wir mussten immer
hinschauen. Dann kam der Tag der Tage, Bewohnerin war fertig,
Rollo hoch, wir sahen das Kinderspielhaus.
Jetzt kam wieder mein Schalk im Nacken.
Ich sagte zu meiner Kollegin: „He du, du suchst doch ein
Kinderspielhäuschen zur Miete."
Meine Kollegin meine spontan: „Jaa."
Ich sagte: „Schau mal aus dem Fenster,
da ist doch ein Kinderspielhäuschen."
Meine Kollegin sagte, dass es ja wunderschön sei, sie müsste
herausbekommen, wem das Kinderspielhäuschen gehört.
Jetzt lachte unsere Bewohnerin aus ganzem Herzen
und sagte zu uns:
„Das Kinderspielhaus gehört mir und ihr könnt es für 5 Euro
im Monat mieten."
Meine Kollegin spielte das Spiel mit (prima von ihr).

Dieses Spiel ging wochenlang mit unserer Bewohnerin
(Besitzerin des Häuschens) weiter.
Ich hatte die Aufgabe, dafür zu sorgen, dass das
Kinderspielhäuschen immer in Schuss ist, bin bei der Bewohnerin
(Besitzerin des Kinderspielhauses) ja eingestellt, haha.

Dann kam der Tag, unsere Bewohnerin sagte zu uns:
„Ich bin körperlich von euch in der Pflege abhängig, das ist für
mich ja nicht einfach, aber euer Humor und eure gute Pflege
macht es mir viel einfacher."

Wir haben es wieder einmal geschafft,
einer Bewohnerin das Leben zu versüßen und sie mit unserem
Humor glücklich zu machen.
Ziel erreicht.

Ich liebe meinen Beruf.

Spitznamen

Hallo. liebe Leser*innen,
die nächste Geschichte geht um Spitznamen,
die die Bewohner*innen unserem Pflegepersonal geben.
Wenn es um Spitznamen geht, sind unsere
Bewohner*innen sehr kreativ.

Im Aussehen und im Charakter ist das Personal sehr
unterschiedlich, das ist normal und auch gut so.
Die Bewohner*innen haben es sich zur Aufgabe gemacht,
jedem Mitarbeiter einen Spitznamen zu geben.
Da gibt es einen männlichen Kollegen, er trägt die Haare sehr
kurz, er wird von den Bewohner*innen *Plätekopp* genannt.

Eine Kollegin, sie trägt immer bunte Kasacks, *da kommt der bunte
Kittel*. Eine Kollegin, sie trägt nur orange Kasacks, natürlich ist sie
der *Orange Kittel,* hahaha, was sonst?

Eine Kollegin, sehr groß, trägt auch kurze Haare, sie wird *Dragono*
genannt, warum Dragono?
Sie ist eine Fachkraft, immer sehr nett und freundlich,
trotzdem Dragono.
Ich bin natürlich die *bunte Frau,* was sonst, immer passende
Schuhe zum passenden Oberteil und passende Ohrstecker.

Noch eine letzte Kollegin, ist gerade in Babypause, trägt immer
ein Kopftuch, weil sie aus einem anderen Land kommt.
Sie sieht mit Kopftuch bildhübsch aus, sie wird *Fatima* genannt.
Ich könnte noch mehr Spitznamen erwähnen, es reicht aber,
ich schreibe ja Kurzgeschichten.

Um Gottes Willen, eine Kollegin habe ich vergessen, sie hat von den Bewohner*innen noch keinen Spitznamen bekommen, wir Kollegen nennen sie aber *Oberkommandeur*.
Ihr Mundwerk ist wie eine Gebetsmühle, ihr Temperament lässt sich kaum zügeln, sie ist aber eine Seele von Mensch.

Warum ich euch diese Geschichte erzählt habe? Ganz einfach, es zeigt mal wieder, dass die Bewohner*innen zum Pflegepersonal ein schönes Verhältnis haben. Wenn es nicht so wäre, hätten wir auch keine Spitznamen von den Bewohner*innen bekommen. Spitznamen beweisen eine gewisse Zuneigung und Vertrauen.

Ich liebe meinen Beruf.

Immer Bananen

Nächste Geschichte
Eine Bewohnerin hat immer Hunger, wenn sie wach wird.
Das Frühstück dauert aber noch, also fangen wir
an mit der Grundpflege.

Nein, nein, so einfach geht das jetzt nicht mit der Bewohnerin.
Sie lässt sich nur versorgen, wenn sie eine Banane bekommt.

Okay, das bekommen wir hin. Jeden Morgen, wenn unsere
Bewohnerin wach wird, bekommt sie eine Banane,
die sie dann genüsslich isst.

So, ich denke, jetzt können wir mit der Grundpflege beginnen.
Das war ein Wunschdenken von uns. Nein, nein, sie lässt sich nur
waschen, wenn sie dabei eine Banane essen kann.
Tatsächlich können wir sie nur waschen, wenn sie dabei eine
Banane essen kann.
Okay, ich kann mir vorstellen, was ihr Leser*innen jetzt denkt.
Badezimmer, Banane?
Waschbecken, Banane?
Toilettengang, Banane?

Ja, liebe Leser*innen, auch diesen Service gibt es bei uns. Spaß
beiseite, was soll man in so einer Situation denn tun? Natürlich
gehen wir auf die Bewohnerin ein, damit sie glücklich ist, auch
wenn sie mit einer Banane am Waschbecken sitzt.

Warum diese Geschichte?

Liebe Leser*innen, bei ARD und ZDF sitzen Sie in der ersten Reihe, nee, ist nicht wahr, bei uns sitzen die Bewohner*innen in der ersten Reihe, denn unsere Bewohner*innen haben es verdient, in der letzten Lebensphase von unserem ganzen Team verwöhnt zu werden, damit sie glücklich sind.

Ich liebe meinen Beruf.

Fallbesprechung

Der nächste Teil ist ein wichtiges Thema: die Fallbesprechung.
Wenn bei einem*einer Bewohner*in Veränderungen
festgestellt werden, die sehr auffällig sind, wird eine
Fallbesprechung durchgeführt.
Ein Beispiel:
Ein Bewohner, bei dem Essen und Trinken kein Problem war.
Eines Tages wollte er nicht mehr trinken, wir kamen mit
Sympathie und gutem Zureden nicht weiter.
Jeder von uns merkte, dass hier etwas nicht stimmte.
Uns wart klar, wir müssen dieses Problem lösen.
Also setzten wir eine Fallbesprechung an, Pflegeassistenten*innen
und Pflegefachkräfte setzten sich im Schwesternzimmer
zusammen und überlegten, wie wir das Problem unseres
Bewohners lösen können.

Wir diskutierten und überlegten, was wir tun können.
Eine examinierte Fachkraft meinte plötzlich in der Runde:
„Vielleicht mag unser Bewohner nicht aus einem
Plastikbecher trinken."

Okay, ist eine Idee, vielleicht sollten wir ihm ein Glas geben.
Wir stellten dem Bewohner ein Glas mit Saft auf seinen Platz,
siehe da, er trinkt seinen Saft aus dem Glas und scheint zufrieden.

Unter dem Strich bedeutet Fallbesprechung
Problemlösungen zu finden.
In diesem Beispiel war es ein kleines Problem,
welches wir lösen konnten.

Es gibt natürlich auch größere Probleme. Wichtig ist,
die Bewohner*innen immer gut zu beobachten, um
Veränderungen zu erkennen, damit wir Ihnen helfen können.

Ich bin stolz auf unser Team.
Die Kommunikation zwischen Pflegeassistent*innen und
Pflegefachkräften ist Gold wert und immer hilfreich für
unsere Bewohner*innen.

Diese Geschichte soll euch sagen, wir sind mit unserem Team
Tag und Nacht für eure Angehörigen da, um ihnen zu helfen.

Ich liebe meinen Beruf.

Meine Ausbildung

Hallo, liebe Leser*innen,
ich bin heute 59 Jahre alt,
muss euch jetzt eine Geschichte schreiben,
die mich persönlich betrifft.
Es ist mir ein Herzenswunsch, meine Geschichte
Für euch zu schreiben.

Ich schreibe jetzt seit knapp 3 Monaten an meinem ersten Buch.
Jetzt bin ich bereit, euch meine Story zu erzählen.

Vor fünf Jahren wurde ich gefragt, ob ich nicht Interesse hätte,
die Ausbildung zur examinierten Altenpflegerin zu machen.
Ich war total perplex, meine Gedanken spielten verrückt.
Was wird mein Mann dazu sagen?
Wie wird die Familie reagieren?
Kann ich mit 54 noch so eine Ausbildung schaffen?
Ich habe glücklicherweise einen Mann,
der mich immer in allem unterstützt.

Ich sagte zu. 7. August, erster Schultag,
bin die Älteste in der Klasse.
Die anderen Schüler*innen sind zwischen 18 und 40 Jahre alt.
Oh mein Gott, was für Fächer, Kommunikation, Hygiene,
Goronto, Palliativpflege, Inkontinenz usw.
Dank meiner guten Praxisanleiterin (von ihr habe ich schon
berichtet) habe ich das erste halbe Jahr gut überstanden.
Mit ihr habe ich meine erste Pflegeplanung geschrieben,
es hat so viel Spaß bereitet.
Eine Klausur nach der anderen habe ich über die Pflege
geschrieben (ich war gut drin, die Noten waren okay).
Mein Mann Karl hat jeden Abend mit mir geübt.

Unsere Wohnung war voll mit Spickzetteln, Küche, Flur, Bad.
Überall.

Dann kam das große Aber, ich stand mir selber in den Füßen,
ich wollte immer besser sein als ich schon war.
Praxis, Schule, Lernen für 3 Klausuren in der Woche, das war
dann irgendwie recht schwer.

Meine Kollegen und auch mein Mann merkten, dass ich mich
verändert hatte.
Ich war nicht mehr der Mensch wie vorher, mein Lachen, mein
Humor, mein Schalk im Nacken hatten sich verabschiedet.
Ich war nur noch unter Druck, 8 Stunden Schule, danach 3
Stunden für die Klausuren üben, schlafen gehen.
Morgens um 4 Uhr aufgestanden, noch weiter geübt.
Dann kam der erste Tag der praktischen Prüfung,
Lehrerin vor Ort, Thema: Blutzucker erfassen.

Prüfung mit einer glatten 1 geschafft, Zeugnis wurde ausgestellt.
Was mich nur wunderte, im Zeugnis stand als letzter Satz:
„Die Schülerin hat zu wenig Selbstbewusstsein."
Hä, hab ich nicht verstanden. Trotzdem, ich war stolz wie Bolle.

Kurze Zeit später kam der Elternabend in der Schule,
ich saß dann mit meiner Praxisanleiterin vor dem Klassenlehrer.
Der Klassenlehrer redete und redete, wir hörten ihm zu,
dann kam sein letzter Satz.
„Also, die Schülerin wird die Ausbildung locker schaffen,
aber sie ist zu emotional für die Pflege, deshalb gebe ich keine
Empfehlung für das zweite und dritte Jahr, für die
Ausbildung zur examinierten Altenpflegerin."
Hä, finde jetzt den Fehler, ich suche ihn heute noch.

Jetzt war ich an dem Punkt, an dem ich für mich ganz alleine
entschieden habe, bis hierhin und nicht weiter, solche Menschen
von Lehrer brauche ich nicht, um eine gute Pflegerin zu sein.

Habe die Ausbildung abgebrochen.
Ich habe in diesem einen Jahr der Ausbildung sehr viel
von der Pflege und Medizin gelernt, es war nicht für die Katz.

Was ich gelernt habe, begleitet mich nun 5 Jahre, ich habe noch
sehr viel dazugelernt und marschiere heute mit sehr viel
Selbstbewusstsein durch den Beruf der Pflege.

Mir war es ein Herzenswunsch, euch meine Story zu erzählen.
Ich habe absoluten Respekt vor den examinierten Fachkräften,
aber eine Assistentin mit 9 Jahren Berufserfahrung ist für jede
examinierte Fachkraft eine große Unterstützung.

Ich bin stolz auf mein heutiges Wissen in der Pflege
(noch einmal danke an meine Praxisanleiterin).

Ich liebe meinen Beruf.

Reise nach Jerusalem

Hallo, Leute,
die nächste Geschichte findet an dem langen
Tisch statt, den ihr schon von der fliegenden Prothese kennt.

An diesem Tisch findet das Mittagessen statt. 10
Bewohner*innen sitzen um den Tisch herum, auch
Rollstuhlfahrer*innen, Bewohner*innen,
die nicht mehr alleine essen können, he, kein Problem, denen
müssen wir das Essen halt anreichen, dafür sind wir da.

Wir fangen an mit den Bewohner*innen, die Hilfe brauchen.
Währenddessen beobachten wir die anderen Bewohner*innen,
ob sie auch essen. Irgendwie läuft es nicht rund, ein*e
Bewohner*in schläft am Tisch, eine*r schaut in der Gegend
herum, vergisst zu essen, eine*r spielt gerade mit seinem Essen
herum. Okay, jetzt heißt es für mich und meine Kolleg*innen,
dass die Reise nach Jerusalem um den Tisch herum beginnt:
Anreichen, zum Nächsten und den Löffel in die Hand geben und
zum Essen motivieren.
Nächsten Bewohner einmal wecken, zum Essen auffordern, jetzt
wieder anreichen und weiter beobachten.
,Oje, ich muss die Reise nach Jerusalem wieder machen, Löffel
wieder anreichen, wieder wecken, wieder gut zureden, damit
weitergegessen wird, Getränke anreichen, wieder auffordern
weiterzuessen.
Endlich geschafft, Mittagessen beendet.
Es wurde gut gegessen und getrunken, der eine mehr, der andere
weniger, was im hohen Alter normal ist.

Ein wenig stolz sind wir Pfleger*innen, dass wir es mal wieder
geschafft haben, dass unsere Bewohner*innen satt und zufrieden
zur Mittagsruhe gehen können.

Eh Leute, ist euch bei der Reise nach Jerusalem etwas aufgefallen? Ne? Doch, mein Stuhl war immer frei, ich konnte mich immer wieder setzen, um meinen Bewohner*innen weiter anreichen zu können.

Die tägliche Reise nach Jerusalem finde ich immer aufregend.

Ich liebe meinen Beruf.

Der Tanz

Die nächste Geschichte handelt von einem Bewohner,
er war einfach liebevoll, hatte einen guten Charakter,
war genügsam und wirkte zufrieden.
Er war 1,70 m groß, sehr schlank, was er wohl seinem
Krankheitsbild schuldete.
Er brauchte als Gehhilfe einen Rollator.
Die meiste Zeit verbrachte er auf seinem Zimmer,
bis zu dem Tag.

Ich hatte so was von guter Laune, wir spielten Musik im
Wohnbereich, weil Musik für unsere Bewohner*innen ein
wichtiger Teil des Alltags ist.
Die Musik lief, die Stimmung war gut, da öffnete sich die Tür
unseres Bewohners. Er kam mit seinem Rollator in den Flur und
spähte zu uns rüber, machte Schritt für Schritt auf uns zu,
bis er vor mir stand.
Er strahlte übers ganze Gesicht.
Ich sah ihn mit einem Lächeln an und fragte ihn, ob wir ein
Tänzchen aufs Parkett legen sollen?
Er schien total überrascht und fragte, was mit seinem
Rollator sei?
Ich sagte zu ihm: „Den brauchen wir beim Tanzen nicht."
Ich nehme ihn in den Arm, halte ihn fest, dem Rollator gebe ich
einen Schubs nach links und wir fangen bei schöner Musik an zu
tanzen. Nicht wie in einer Disco, haha, schön langsam hin und
her. Ich bemerkte, dass unser Bewohner einfach nur glücklich
war, und er schien sich dabei sehr wohl zu fühlen.
Nach dem Tänzchen verschwand er wieder in seinem Zimmer.
Das schien unserem Bewohner gefallen zu haben, denn immer
wenn wir in den darauffolgenden Tagen die Musik anmachten,
kam er aus seinem Zimmer, ging auf uns zu und schien auf einen

Tanz zu hoffen. Natürlich bekam er sein Tänzchen von mir oder einem*r Kolleg*in.

Diese Geschichte zeigt mal wieder, das man ältere Menschen einfach Freude schenken kann.
Es tut nicht weh, kostet kein Geld unsere Bewohner*innen glücklich zu machen. Man muss es nur tun.

Ich liebe meinen Beruf.

Täglich wird sie geschminkt

Auf Station Grün gibt es eine Bewohnerin, sie wird bald
stolze 90 Jahre alt.
Sie braucht von uns die volle Unterstützung in der Grundpflege,
mobil ist sie nur im Rollstuhl.
Beeindruckend bei ihr ist, dass sie jeden Morgen geschminkt
werden möchte.
Das bedeutet Make-up ins Gesicht, je dunkler, desto besser,
Rouge auf die Wangen, Lippenstift, am liebsten rot. Fertig!
Sie sieht toll aus, und das mit fast 90 Jahren.
Ich war mit 40 schon so verrückt nach Schminke,
ich kann sie gut verstehen.

Sie sitzt dann ganz stolz, voll geschminkt an der Rezeption und
zeigt sich dann gerne allen anderen Bewohner*innen.
Sie ist schon eine Augenweide.

Jetzt kommt das große Aber. Wenn unsere Bewohnerin ins Bett
soll, möchte sie nicht abgeschminkt werden.
Ich muss an dieser Stelle sagen, sie ist geistig voll auf der Höhe,
das heißt für uns Pfleger*innen, sie hat ein Recht auf
Selbstbestimmung, das ist auch gut so, wunderbar.
Ihr Wunsch ist uns ein Befehl, wir wollen ja, dass sie glücklich ist.

Jetzt kommt das nächste Aber.
Sie wurde auf eigenen Wunsch nicht abgeschminkt.
Der Frühdienst kommt, geht in ihr Zimmer,
zu unserer gut geschminkten Bewohnerin.
Oje, das Kopfkissen ist nur noch braun vom Make-Up, an der
Bettdecken finden wir dann das Rot vom Lippenstift und die
Wimperntusche hat auch Spuren hinterlassen.
Das bedeutet: Bett komplett neu beziehen.

Ist doch sch...egal, Bewohnerin waschen, anziehen und dann natürlich komplett neu schminken, damit sie wieder einen glücklichen Tag vor sich hat.

Wir sind auch Make-up-Artisten, hahaha, Spaß.
Ja, die Wünsche unserer Bewohner*innen liegen uns sehr am Herzen, auch wenn es manchmal sehr schwer ist, alle zu erfüllen, wir Pflegeassistent*innen und Pflegefachkräfte sind auch nur Menschen und keine Maschinen.
Wir tun sehr gerne, was wir können und schaffen.

Ich liebe meinen Beruf.

Die Gräfin von Grün

Hey Leute,
bei der nächsten Geschichte geht es um eine Bewohnerin von
Station Grün.
Eine Bewohnerin, die viel Wert aufs Schminken legt
(was sie weiterhin jeden Morgen bekommt),
ist sehr schlank, wirkt wie eine Grande Dame und hat natürlich
Klamotten vom Feinsten.
Jeden Morgen, wenn sie geschminkt und gestylt ist, wenn sie ihr
Frühstück im großen Speisesaal zu sich genommen hat,
kommt sie zurück auf Station Grün und fährt in ihr Zimmer.

Ca. eine Stunde später geht die Zimmertür auf und unsere
Grande Dame bleibt im Türrahmen stehen, stellt ihre Bremsen
fest, verschränkt die Arme und beobachtet das Treiben des
Pflegepersonals im Wohnbereich. Es scheint ihr wohl zu gefallen,
wenn das Pflegepersonal durch den Flur von einer*m zur*m
anderen Bewohner*in wuselt.
In dieser Schicht arbeitet auch die Kollegin ohne Spitznamen.
Sie bleibt vor der schön geschminkten Bewohnerin
stehen und sagt zu ihr:
„Na, meine Liebe, Sie sitzen da wie die Gräfin von Pompadour."
Unsere geschminkte Bewohnerin antwortet:
„Nein, nein, ich bin die Gräfin von Grün und so möchte ich jetzt
immer genannt werden."
„Okay", sagte meine Kollegin, „so soll es sein."
„Ach so", sagte die Gräfin, jetzt von Grün, zu meiner Kollegin
ohne Spitznamen, „ab heute heißen Sie Kommandeurin
von Grün."
Herzlichen Glückwunsch, liebe Kollegin, jetzt hast
du deinen Spitznamen.
Alle Kollegen haben den Spitznamen übernommen.
Wo unsere Gräfin von Grün Recht hat, hat sie Recht, haha.

Aber unsere Kommandeurin, jetzt von Grün, ist eine
tolle Kollegin mit Herz und schön, dass sie mitmacht,
unsere Bewohner*innen glücklich zu machen.

Diese Geschichte soll euch sagen: Bitte die Bewohner*innen
ernst nehmen, mit Respekt behandeln, mit *Sie* ansprechen.
Es gibt eine Ausnahme: Wenn der Bewohner*in darauf besteht
mit Vornamen und du angesprochen zu werden, muss es
dokumentiert werden.

Natürlich entsteht mit den Jahren eine
persönliche Beziehung zwischen Bewohner*innen und
Pflegepersonal, man fühlt sich wie eine große Familie, es heißt, sie
sollen sich wie zu Hause fühlen, und das ist gut so.

Ich liebe meinen Beruf.

Privatgespräche

Hallo, Leute,
in der nächsten Geschichte geht es um das
Thema Privatgespräche.
Natürlich reden wir mit unseren Bewohner*innen auch gerne
über uns privat.
In der Regel sieht es so aus, dass man natürlich nicht über seinen
Kummer erzählt (den jeder Mensch schon mal hat).
Keine traurigen Geschichten, nicht weinerlich wirken,
wenn es einem
nicht gutgeht (könnte bei dem*der Bewohner*in Stress auslösen).
Mein Gott, es tut manchmal gut, wenn man mit dem*der
Bewohner*in die positiven Seiten des Lebens teilt. Es spricht
nichts dagegen, mit den Bewohner*innen einmal zu plaudern.
Ein Beispiel:
Eine Bewohnerin, mein Eindruck, sie ist nur leicht dement.
Die Chemie zwischen uns ist sehr gut, in der Pflege
quatschen wir gerne miteinander. Man kommt dabei vom
Höckschen aufs Stöckchen.
Die Bewohnerin fragte mich: „Hast du neue Schuhe?"
Ich erzählte aus dem Bauch heraus, dass mein Mann Karl alle
meine Schuhe, Oberteile und Hosen kauft, er ist die Shopping-
Queen, ich gehe nicht gerne einkaufen.
Meine Bewohnerin freute sich so sehr, fragte mich dann
ernsthaft: „Kannst du mir deinen Mann mal ausleihen?"
Jetzt haben wir beide herzhaft gelacht.

Am nächsten Tag kam ich bei der gleichen Bewohnerin mit
komplett neuem Outfit ins Zimmer und sie fragte mich:
„Hat das der Karl auch gekauft?"
Ich sagte ja und wir mussten wieder lachen.

Es gab auch den Tag, da kam ich sehr müde zur Arbeit (hatte den Tag vorher Spätschicht). Ich kam zu meiner Bewohnerin, sie schaute mich an und sagte: „Du siehst aber müde aus."
Während ich ihr die Kompressionsstrümpfe anzog, erzählte ich ihr, dass ich beim Frühdienst jeden Morgen um 4 Uhr aufstehe, meinen Kaffee trinken und mir die guten und schlechten Nachrichten anschaue.
Danach gehe ich in meine Reparaturwerkstatt (Badezimmer) und versuche an mir zu retten, was zu retten ist.
Meine Bewohnerin lachte sich so was von weg.
Ich musste natürlich mitlachen und wirkte nicht mehr müde.
Besser kann ein Tag mit meiner Bewohnerin nicht beginnen.
Oder?

Diese Geschichte soll euch sagen, natürlich können wir mit unseren Bewohner*innen private Gespräche führen,
aber bitte nur schöne.
Glaubt mir, auch demente Bewohner*innen behalten gute Geschichten in ihrem Gedächtnis und erinnern sich manchmal daran.

Ich liebe meinen Beruf.

Die Stellenausschreibung

Hey Leute,
habe wieder mal Frühdienst.
Jaja, der Satz ist für euch schon langweilig,
kann ich mir vorstellen.

Also ich habe Frühdienst, laufe mal wieder über die Flure unserer
Station und sage laut zu den Kolleg*innen:
„Bei unseren Schichten braucht man kein Fitnessstudio."
Bei diesem Satz schießt mir die nächste Geschichte in den Kopf.

13.30 Uhr, bin zu Hause, natürlich platt, wie immer.
Gehe nicht in meinen schönen Benz-Sessel, muss die Geschichte
im Kopf sofort schreiben.
Stellenausschreibung
Zum*zur Pflegeassistenten*in
Wir, die Pflegeassistent*innen suchen Dich

Mitzubringen sind folgende Voraussetzungen:
Viel Empathie, Sympathie, wichtig: viel Humor (sehr viel).
Verständnis für unsere Bewohner*innen ist erwünscht.
Habt ihr schon Muskeln in den Armen und Beinen?
Das wird in der Pflege gerne gesehen.
Sollte es nicht so sein, macht nichts, wir bieten euch
7 Stunden Fitness für Beine, Bauch, Po, hahaha.
Und das Tolle dabei ist, ihr braucht für diese Fitness keine
Gebühr zu bezahlen, nein, nein, ihr bekommt am Ende des
Monats noch Geld von uns. Gut, oder?
Solltet ihr noch Inliner haben, bitte mitbringen, ihr seid dann
schneller von einem*r zum*r nächsten Bewohner*in.
Zu gutem Schluss musst du noch ein guter Teamplayer sein.
Dabei ist es sehr wichtig, deine Kolleg*innen bei der Arbeit
verarschen zu können.

Habe ich euer Interesse geweckt? Dann bewerbt euch jetzt. Sympathie, Empathie, Feinfühligkeit sind in der Pflege wichtig, den Rest bringen wir euch in Ruhe und mit viel Geduld gerne bei.

Ich liebe meinen Beruf.

Der B3-Dienst

B3, ein Frühdienst, der nur bis 9.45 Uhr geht (ein schöner Dienst, ich habe nur Bewohner*innen in der Grundversorgung).
Wenn genug Pfleger*innen in der Schicht sind, kann einer den B3 bekommen.

Der B3-Dienst und ich sind keine Freunde.
Wenn in meinem Dienstplan der B3 eingetragen ist und ich mich freue,
um 9.45 Uhr nach Hause gehen zu können, passiert immer etwas.

Beispiel 1:
Habe heute B3, freue mich wie Bolle, mein Karl hat seinen freien Tag und wir können diesen Tag zusammen genießen.

Ein Kollege übergibt sich (armer Kerl).
Er wird natürlich nach Hause geschickt. Was passiert?
Mein B3-Dienst ist futsch, muss jetzt bis 13.00 Uhr arbeiten.

Beispiel 2:
Habe wieder den B3-Dienst, freue mich,
habe aber ein komisches Bauchgefühl.
Komme zum Frühdienst ins Schwesternzimmer und die Nachtwache erzählt: „Liebe Kolleg*innen, es hat sich wieder ein*e Kolleg*in für heute Morgen krankgemeldet."
Und schon wieder ist mein B3 futsch.

Beispiel 3:
Habe wieder den B3-Dienst, freue mich schon gar nicht mehr, weil ich weiß, dass irgendetwas passiert.
Und zack, ein Kollege muss dringend nach Hause.
Tschüss B3, mach es gut.
Ich könnte euch noch viele Beispiele schreiben (sprengt aber

mein Buch).

Meine Chefin meint zu mir: „Du und dein B3-Dienst
sind verflucht."

Ich stimme meiner Chefin zu.
Dem Karl sage ich schon nicht mehr, wann ich B3-Dienst habe.
Wenn ein B3-Dienst einmal durchgeht und ich früher
nach Hause komme, ist die Freude bei meinem
Mann umso größer.

Warum ich euch diese Geschichte erzählt habe? Ganz einfach,
B3 hin oder her, sch…egal.
Wichtiger ist, dass wir Kolleg*innen zusammenhalten.
Wenn es einem*einer Kolleg*in nicht gutgeht, ist das natürlich
für uns vorrangig. Die Gesundheit meiner Kolleg*innen ist mir
wichtiger als ein B3-Dienst.
Mein nächster B3-Dienst kommt noch (irgendwann).

Ich liebe meinen Beruf.

Ein tolles Team

Hallo, meine Lieben,
habe mal wieder FRÜHSCHICHT!
Da wir personell gut besetzt sind, kommt mir die Idee,
frag doch mal die Exe, ob ich heute einen B3 haben kann.
„Das geht, Désirée, wir sind genug Kolleg*innen heute morgen."
Jetzt kommt die Quizfrage an euch, liebe Leser*innen,
gewinne ich oder verliere ich?
Ich kann ein „Oh, mein Gott" in euren Gesichtern lesen.
Auf Station Grün, mit der wir zusammenarbeiten, fällt eine
Kollegin aus und muss sofort nach Hause.
Ich denke: „B3, was habe ich dir getan, dass du mich so hasst?"

Es ist mittlerweile 9.15 Uhr und ich höre verschiedene Stimmen
Sie rufen „Désirée". (Nein, macht euch keine Sorgen, mit mir ist
alles okay, auch wenn meine Kolleg*innen meinen,
ich wäre bekloppt).
Also, ich höre die Stimmen meiner Kolleg*innen und antworte:
„Hier bin ich." „Ja, wo denn?" „Hier am Ende von meinem
Gang bei Frau ..."
Dann plötzlich stehen meine Kolleg*innen und die Exe vor mir
und sagen zu mir: „Du hast jetzt einen B3-Dienst und gehst gleich
nach Hause." Hä, ich verstehe die Welt nicht mehr.

Meine Frage: „Ja, aber?" „Nichts aber", bekomme ich von meinen
Kolleg*innen gesagt. „Du gehst jetzt nach Hause,
das haben wir beschlossen."
Mir schießen vor lauter Rührung die Tränen in die Augen,
sehe, wie meine Exe sich herumdreht, um ihre
Tränen wegzuwischen.

Mir war es sehr wichtig, euch diese Geschichte zu erzählen.
Sie soll euch sagen, dass wir Kolleg*innen nicht nur
Verantwortung für die Bewohner*innen haben.
Wir haben auch Verantwortung und Respekt untereinander.

Ich liebe meinen Beruf.

Die Angst in ihrem Gesicht

Hallo, liebe Leser*innen,
die nächste Geschichte handelt von einer Bewohnerin,
sie ist vor vielen Jahren verstorben.
Diese Geschichte ist heute noch in meinem Gedächtnis.

Wir bekamen eine neue Bewohnerin, sie war schlank und groß.
Wir Pfleger*innen spürten ihre Ängstlichkeit, man sah es ihr an.
Viele Bewohner*innen haben Angst, wenn sie zu uns kommen.
Stellt euch vor, Ihr werdet aus eurem heimischen Umfeld und
von der Familie weggerissen. Hättet ihr vielleicht auch Angst?

Jetzt kam sie zu uns, verschiedene Pfleger*innen
kamen auf sie zu und jeder wollte etwas von ihr.
Sie wirkte immer noch ängstlich.
Unsere Aufgabe war jetzt, dass wir ihr Vertrauen bekommen,
dass wir ihr Zimmer schön herrichten.
Das Zimmer war jetzt schön gemütlich, aber Vertrauen zu uns
schien sie noch nicht zu haben.
Wir sahen immer noch Angst in ihrem Gesicht.
Sie bekam von uns Essen, Trinken, Zeitung und auch
Süßigkeiten. Sie stellte dabei immer die Frage:
„Ist das für mich, darf ich das jetzt essen?"
Wir erklärten ihr mit ruhigen Worten:
„Ja, meine Liebe, nur für Sie."
So ging es ein ganzes Jahr, immer wieder von ihr die Frage:
„Ist das für mich, darf ich das essen?"
Liebe Leser*innen, ihr könnt uns Pfleger*innen glauben, es hat
uns fast das Herz zerrissen, diese Bewohnerin immer nur
ängstlich zu sehen.

Über ein Jahr später hat uns die Bewohnerin auf ewig verlassen,
wir hoffen, dass sie jetzt keine Angst mehr hat.

Heute bin ich der Meinung, dass diese Bewohnerin schon
Vertrauen zu uns hatte, scheinbar konnte sie es uns nicht zeigen.
Viele unserer Bewohner*innen haben den zweiten Weltkrieg
miterlebt und haben noch starke Erinnerungen daran.
Viele Bewohner*innen habe negative Erlebnisse
in ihren Gedanken.
Wir Pfleger*innen wissen es nicht und sind manchmal hilflos.

Ich liebe meinen Beruf.

Teamgeist

Hallo, Leute,
kennt ihr das, wenn ihr zum Früh- oder Spätdienst aufsteht
und Energie und Power nicht vorhanden sind?
Genauso geht es mir, wenn ich morgens aufstehe.
Okay, erst mal einen Kaffee trinken
(ja und natürlich eine Zigarette).
Ich denke, dass ich jetzt wohl wach bin.

Jetzt muss ich ins Bad (meine jungen Kollegen*innen
brauchen wahrscheinlich nicht so lange im Bad, sind ja
noch jung und hübsch).
Wenn ich nun in den Spiegel schaue, sehe ich eine Person,
die ich nicht kenne. Okay, ich sage zu der Person im Spiegel:
„Dich kenne ich nicht, dich wasche ich nicht."

Ich wasche nun dieses verschlafene und mir unbekannte Gesicht,
bearbeite es mit Schminke, Mascara und Lippenstift.
He, das sieht doch jetzt nach mir aus.

Jetzt noch einen Kaffee mit meinem Karl und die
guten/schlechten Nachrichten im Fernsehen anschauen, bevor
mich mein Karl um die Ecke (zur Arbeit) bringt.
Im Schwesternzimmer angekommen, sehe ich meine
Kolleg*innen an und stelle fest, die haben auch noch keine
Energie und Power.
Ich sage zu meinen Kolleg*innen:
„Hallo, wo ist eure Energie und Power?"
Alle schauen mich an, als wenn sie mich erschlagen wollen.

Um die Situation und meinen Hals zu retten, sage ich
zu den Kolleg*innen:
„Hallo, meine lieben Kolleg*innen, willkommen im Club."

Unsere Examinierte kommt in das Schwesternzimmer und sagt uns mit scheinbar großer Freude: „Guten Morgen, ihr Lieben." Wir antworten „Mooorgen".

Nun sagt uns die Exe etwas, das wir morgens gar nicht gebrauchen können.
„Liebe Kolleg*innen, 10 Bewohner*innen müssen ein Zäpfchen bekommen."
Ihr wisst, was das bedeutet: rennen, rennen, rennen.
Wir holen uns noch einen Kaffee, gehen an die frische Luft und geben uns noch eine schnelle Zigarette.
Wir bedauern uns gegenseitig.
So, genug gejammert, wir gehen zu unseren fertigen Pflegewagen und laufen von einem*r Bewohner*in zum*r nächsten.

Könnt ihr euch vorstellen, was nun mit dem energielosen Personal passiert? Nein? Auf einmal haben wir Pfleger*innen wieder Energie und Power. Was ist passiert? Ganz einfach, die Bewohner*innen haben uns mit ihrer guten Laune aufgemuntert und zum Lachen gebracht.

Was diese Geschichte zeigt? Nicht nur, dass das Personal ein gutes Team sein muss.
Auch die Bewohner*innen und Kolleg*innen müssen zusammen ein gutes Team sein. Wir alle zusammen sind ein tolles Team.

Ich liebe meinen Beruf.

Die Entscheidung

Hallo, liebe Leser*innen,
ich habe ein paar Tage frei, habe jetzt viel Zeit,
über mein Buch nachzudenken.
Meine Gedanken sind gerade:
Werdet ihr mein Buch interessant finden?
Werden meine Leser*innen über manche
Geschichte nachdenken?
Wie viele Geschichten kann ich euch noch schreiben?
Muss darauf achten, mit meinen Geschichten keinem*keiner
Kollegen*in oder keinem*keiner Bewohner*in zu nahe zu treten
(ich darf natürlich keine Namen nennen).
Ich habe euch schon viele Geschichten geschrieben: Über die
Chefs, über die Kolleg*innen, über die Bewohner*innen
und über die Demenz.
Die nächste Geschichte ist eher unangenehm.
Wir Pfleger*innen müssen auch Entscheidungen treffen,
die nicht einfach sind.

Ein Beispiel:
Wir haben einen Bewohner, der in der Sterbephase ist.
Wir haben die Angehörigen angerufen, sie möchten bitte
kommen, um sich von ihrem Angehörigen zu verabschieden.
Die Angehörigen sind jetzt da. Es sind sechs Angehörige,
sie stehen beim Sterbenden am Bett, der/die Eine weint, der/die
Eine hat einen starren Blick. Die Atmosphäre ist erdrückend.
Wir Pfleger*innen versuchen, tröstende Worte zu finden
(ist sehr schwer).
Ob unser Trost ankommt? Wir wissen es nicht, hoffen es aber.
Gehe jetzt nach Hause, meine Gedanken sind bei dem Bewohner.
Ich komme zum Frühdienst und erfahre von
meinen Kollegen*innen:

„Der Bewohner lebt noch, die Angehörigen waren die ganze Nacht bei ihm."

Auf der einen Seite kann ich es verstehen, auf der anderen Seite frage ich mich:

„Wie kann man eine ganze Nacht mit 6 Personen bei dem Sterbenden sein?"

Ich muss jetzt eine Entscheidung treffen.

Ich gehe leise in das Zimmer und sage zu den Angehörigen: „Bitte kommen Sie mit mir, sie brauchen jetzt einen Kaffee und frische Luft." Gott sei Dank gingen sie mit mir.

Ich ging nun zu dem Sterbenden, öffnete alle Fenster, nahm seine Hand und sagte zu ihm: „So, mein Guter, die Fenster sind offen, deine Seele kann jetzt gehen, mach es gut, mein Lieber."

Kurze Zeit später ist er für immer eingeschlafen.

Auf dem Flur kommen mir die Angehörigen entgegen, ich schaue die Tochter an und sage: „Ihr Vater hat es jetzt geschafft."

Sie nimmt mich in den Arm und sagt „Danke."

Diese Geschichte zeigt:

Mann muss auch eine Entscheidung treffen.

In meinen Augen war es die richtige Entscheidung.

Ich liebe meinen Beruf.

Mein neongelber Kugelschreiber

Hallo, Leute,
die nächste Geschichte hat nichts mit den
Bewohner*innen zu tun.
Es geht um einen Kugelschreiber.

Als ich die Entscheidung traf, dass ich ein Buch schreibe,
besorgte mein Mann das Arbeitsmaterial.
Darunter war auch ein hübscher Kugelschreiber.
Ich fing an, mein Buch zu schreiben, merkte aber,
dass der Kugelschreiber nicht mein Freund wird.
Ich sah mich im Büro (früher Esszimmer) um.
Da lag er, der Kugelschreiber, der mir gefiel.
Er war *neongelb* (es war eine Werbung drauf, egal).
Er sah gut aus, die Mine lief gut, er gefiel mir.
Ja! Das ist mein Kugelschreiber, der mich bei meinem
Buch begleiten soll. Ich nahm meinen *neongelben* Kugelschreiber
in die Hand und schrieb los.

Nach einigen Geschichten passierte es, mein Kugelschreiber
gab seinen Geist auf.
Mein Mann musste helfen (er hat immer eine Lösung).
Er nahm einen anderen Kugelschreiber, wechselte die
Mine in meinen *neongelben* Kugelschreiber.
Mein Karl sagte: „So, mein Schatz,
jetzt kannst du weiterschreiben."
Während der ersten 70 Geschichten musste mein Karl
dreimal die Mine wechseln.

Für meinen *neongelben* Kugelschreiber mussten drei andere
sterben. Sorry, ihr anderen Kugelschreiber.
Während ich euch die Geschichte schreibe, schaue ich auf

die Werbung auf dem *neongelben* Kugelschreiber und muss herzhaft lachen.

Darf euch nicht schreiben, was darauf steht (keine Namen). Wenn das Buch fertig ist, werde ich den *neongelben* Kugelschreiber einrahmen, die Firma anrufen und mich für diesen schönen *neongelben* Kugelschreiber bedanken.

Ich liebe meinen neongelben Kugelschreiber.

Der Herbst ist da

Der Herbst ist da.
Die Tage werden kürzer, es wird morgens später hell.
Jetzt haben unsere Bewohner*innen ein Problem.
Ein Beispiel:
Es ist 7.00 Uhr, ich klopfe leise an die Zimmertüre eines
Bewohners, wünsche ihm: „Guten Morgen, mein Lieber."
Ich ziehe die Rollos hoch, es ist draußen noch dunkel.
Der Bewohner wünscht mir auch: „Guten Morgen, Schwester."
Er schaut aus dem Fenster, sieht mich entsetzt mit bösem Blick
an und sagt zu mir: „Was fällt Ihnen ein, mich mitten in der
Nacht zu wecken?"

Ich erkläre dem Bewohner, dass es im Herbst morgens
um 7.00 Uhr noch dunkel ist. Er ist nicht einsichtig und
will weiterschlafen.
Okay, ich verlasse das Zimmer und gebe ihm noch 30 Minuten.
Auf geht es, zur nächsten Bewohnerin.
Das gleiche Prozedere: leise anklopfen, guten Morgen
wünschen, Rollos hochziehen.
Auch die Bewohnerin schaut aus dem Fenster.
Ich werde jetzt richtig beschimpft, trotz der Erklärungsversuche.
Ich habe keine Chance, ich gebe auf und lasse die
Bewohnerin noch etwas schlafen.

Auf dem Flur treffe ich einen Kollegen, er bleibt vor mir stehen
und fragt mich: „Na, hast du auch ein Problem mit dem Herbst?"
Ich antworte ihm: „Ich nicht, aber unsere Bewohner*innen,
weil es noch dunkel ist."
Mein Kollege hat dann eine Idee und sagt zu mir:
„Wäre es nicht schön, wenn wir Menschen auch einen
Winterschlaf hätten und im Frühjahr wieder wach würden?"
Wir mussten beide lachen.

Es wird wohl ein paar Tage dauern, bis sich die Bewohner*innen an die Jahreszeit Herbst gewöhnt haben.

Wir lassen die Bewohner*innen natürlich noch etwas schlafen, damit der Tag für sie mit guter Laune beginnen kann.

Ich liebe meinen Beruf.

Parkplatz gesucht

Hey Leute,
erinnert ihr euch noch an den langen Tisch?
Dort werden die Mahlzeiten eingenommen, dort werden Spiele
durch den Betreuungsdienst gemacht oder es wird dort
ein Schwätzchen gehalten.

In der nächsten Geschichte ist der Tisch wieder Mittelpunkt.
Viele Bewohner*innen brauchen einen Rollator als Gehhilfe.
Nun wird zum Essen an den Tisch gebeten. Ihr müsst euch
vorstellen, es kommen sechs Bewohner*innen
mit ihrem Rollator an den langen Tisch und versuchen ihren
Rollator zu parken, um sich an den Tisch zu setzen.
Ich stehe mit Abstand zum Tisch und schaue mir das Chaos an.
Ihr fragt euch bestimmt: „Warum stehst du abseits?"
Ganz einfach. Wir Pfleger*innen versuchen, die Selbstständigkeit
(Fähigkeiten) der Bewohner*innen zu fördern.

Dazu gehört auch das Einparken ihres Rolls-Royce (Rollator).
Ich stelle fest und sehe, dass das Einparken nicht funktioniert.
Ein*e Bewohner*in parkt so, dass er/sie nicht mehr an
den Stuhl kommt.
Den anderen Bewohner*innen geht es nicht besser.
Jetzt erkennen wir Pfleger*innen, dass wir helfen müssen.
Okay, wir nehmen die Rollatoren an die Seite und setzen die
Bewohner*innen an den Tisch. Geschafft!

Jetzt schaue ich auf die Rollatoren, die ich sinnlos zur Seite
gestellt habe. Ich muss sie jetzt so stellen, dass kein*e Kollege*in
darüber stolpert. Ich stelle fest, dass meine Selbstständigkeit
auch nicht die beste ist. Ich spiele gerade Tetris mit den
Rollatoren. Es dauert einige Zeit, bis ich zufrieden bin, wie die
Rollatoren jetzt eingeparkt sind.

Ich habe gerade das Gefühl, dass die Bewohner*innen
sich über mich lustig machen.
Höre ich da Gelächter und Gekicher?

Was soll uns diese Geschichte sagen?
Wir brauchen ganz dringend einen Parkplatz
für unsere Rollatoren, hahaha.

Ich liebe meinen Beruf.

Der Kompressionsstrumpf

Hallo, liebe Leser*innen,
die nächste Geschichte handelt von einem
Kompressionsstrumpf und mir.

Kurze Erklärung:
Kompressionsstrümpfe, das sind, na ja, hübsche
fleischfarbene Strümpfe.
Die Kompressionsstrümpfe werden bei Bewohner*innen
gebraucht, die z. B. Venenprobleme, Krampfadern oder ein
Lymphödem haben.
Schluss mit Fachausdrücken, den Rest könnt ihr ja googeln.
Ich hatte Spätdienst (nicht mein Lieblingsdienst, muss leider auch
sein). Eine Kollegin ging mit mir zu einer Bewohnerin. Sie muss
zu zweit versorgt werden, hatte die Kompressionsstrümpfe an.
Eine Information hatte ich vergessen: Die Kompressionsstrümpfe
sind sehr elastisch (wie ein Einmachgummi).

Meine Kollegin hat den ersten Strumpf der
Bewohnerin ausgezogen.
Beim zweiten Strumpf kam mein Einsatz: Ich hob das Bein
der Bewohnerin nach oben, meine Kollegin zog an dem
Kompressionsstrumpf, er wurde immer länger und flutschte
vom Bein. Dabei landete der Kompressionsstrumpf in meinem
Gesicht. Ich erschrak, der Kompressionsstrumpf traf mich
voll auf meiner Brille.
Sekunden später konnten wir uns vor Lachen nicht mehr halten.
Wir lagen fast neben der Bewohnerin in ihrem Bett.

Unsere Bewohnerin meinte nach dieser Aktion:
„Bitte, ich möchte ab sofort jeden Abend von euch
versorgt werden."

Und wir mussten noch einmal mit unserer Bewohnerin herzhaft lachen.

Mit dieser Situation haben wir wieder eine Bewohnerin zum Lachen gebracht. Sie schien glücklich zu sein.

Ich liebe meinen Beruf.

Logistik – erster Teil

Hallo, liebe Leser*innen,
in der nächsten Geschichte geht es um den
Dusch- und Waschplan.
Jetzt schreibe ich euch einmal, was im Frühdienst vor dem
Frühstück abgeht.

30 Bewohner*innen müssen bis zum Frühstück versorgt werden.
Wir sind im Frühdienst 3 Pflegeassistent*innen und eine
Examinierte. Wenn wir Glück haben, gibt es noch eine*n
Springer*in. Wir brauchen jetzt eine gute Logistik.
Nun werden die 30 Bewohner*innen auf Helfer*in
1, 2 und 3 aufgeteilt (jeder bekommt seine Bewohner*innen
zur morgendlichen Versorgung zugeteilt).
Wenn ein*e Springer*in im Dienst ist, übernimmt er/sie 4
Bewohner*innen von den Helfer*innen.
Dann gibt es den Duschplan für den Früh- und den Spätdienst,
der beinhaltet, welche*r Bewohner*in an welchem Tag
geduscht werden muss.

Liebe Leser*innen,
während ihr diese Geschichte lest, denkt ihr wahrscheinlich:
Mein Gott, ihr macht das doch tagein, tagaus, da habt
ihr doch den Dusch-/Waschplan im Kopf.
Nein, nein, da irrt ihr euch. Ihr dürft nicht vergessen,
wir Pflegeassistenten*innen sind auch nur Menschen
und keine Maschinen.
Wir haben im Früh-/Spätdienst so viel im Kopf.
Wir denken 7 Stunden nur an unsere Bewohner*innen:
Hast du das Bett bezogen? Hast du die Brille geputzt?
Hast du die Prothese gereinigt? Hast du dies? Hast du das?
Hast du nichts vergessen? usw.

So geht unsere Schicht 7 Stunden lang.
Uns Pfleger*innen liegt es sehr am Herzen, dass unsere
Bewohner*innen immer gut versorgt werden.

Diese Geschichte zeigt:
Nicht nur Firmen brauchen eine gute Logistik.
Wir Senioren-/Altenheime brauchen eine sehr gute Logistik.
Fortsetzung folgt!

Ich liebe meinen Beruf.

Logistik – zweiter Teil

Hey Leute,
ich lade euch in den logistischen Frühdienst herzlich ein.
Dusch-/Waschplan war ja geschrieben.

Ich bin jetzt mit meinem Pflegewagen auf dem Weg zu
meinem*meiner ersten Bewohner*in. Alles prima gelaufen,
bin gut in der Zeit, bin auf dem Weg zum*r
nächsten Bewohner*in.
Ich sehe eine Bewohnerin im Nachthemd vor ihrem Zimmer
stehen, gehe an ihr vorbei, bleibe kurz stehen und wünsche ihr
einen Guten Morgen. Sie antwortet mit der Frage:
„Wer kommt mich jetzt waschen?" Ich antworte ihr:
„Liebe Frau …, meine Kollegin kommt gleich, gehen Sie bitte
so lange in Ihr Zimmer." Gehe nun weiter zu meinem*meiner
nächsten Bewohner*in.
Ich drehe mich noch einmal um und sehe Frau … wie ein
Häufchen Elend vor ihrem Zimmer stehen.
Jetzt kam wieder mein Helfersyndrom zum Vorschein.
Ich gehe zu ihr, bringe sie ins Badezimmer und …
(tschüss, Dusch-/Waschplan).
Ich denke, meinen Kolleg*innen geht es nicht besser.

Es kommt immer wieder etwas dazwischen, die eine oder der
andere will auf die Toilette, ist am Weinen, will aus dem Bett
oder ruft nach der Pflege. So geht das den ganzen Morgen.
Ja, wir haben einen Dusch-/Waschplan, ist auch gut so,
im Ansatz klappt es ja auch … oder auch nicht.
Aber sollen wir Bewohner*innen ignorieren, wenn sie ein
Bedürfnis haben? Nein, irgendwie bekommen wir das schon hin.
Der Dusch-/Waschplan ist heute mal wieder aus dem Ruder
gelaufen, doch siehe da, irgendwann haben wir es geschafft.
Alle Bewohner*innen sind versorgt, gut gelaunt und glücklich.

Was ich euch mit dieser Geschichte sagen möchte:
Logistik ist gut und schön, aber unsere Bewohner*innen sind wichtiger. Sie haben ein Recht darauf, dass wir Pfleger*innen ihre Bedürfnisse erfüllen. Und wir tun das sehr gerne.

Ich liebe meinen Beruf.

Der Toilettengang

Hey Leute,
die nächste Geschichte fand nicht in unserem
Seniorenheim statt. Eine Kollegin von mir erzählte mir eine
Geschichte von ihrer Mutter.
Ich fand sie interessant und fragte meine Kollegin: „Darf ich diese
Geschichte in meinem Buch schreiben?"
Sie gab mir die Erlaubnis.

Sie erzählte mir, wie sie ihre Mutter zur
Toilette begleiten musste, um sie zu unterstützen.
Während sie mir die Geschichte erzählte, musste sie schon lachen.

Viele ältere Herrschaften können noch bis zur Toilette alleine
gehen. Aber dann fängt das dezente Problem an.

Das Problem ist einfach zu erklären.
Das zielgerechte Hinsetzen auf die Toilette ist nicht so einfach.
Ältere Menschen haben häufig *Koordinationsprobleme*.

Bis zur Toilette hatte es die Mutter geschafft.
Meine Kollegin sagte: „Jetzt bitte setzen, Mama."
Mutter setzte sich hin, aber nicht so, wie es sein musste.
„Mama, du musst noch etwas nach rechts."
„Nein Mama, das war zu weit, du musst jetzt wieder
etwas nach links.
Ach, Mama, jetzt musst du noch etwas nach hinten rücken."
Während dieser Aktion musste die Tochter lachen.
Die Mutter schaute die Tochter an und sagte zur Tochter: „Lachst
du mich jetzt aus?"
„Nein, Mama, ich muss nur lachen, weil es so lustig ist, mit dir
auf die Toilette zu gehen."
Jetzt musste auch Mama lachen.

Der Toilettengang war dann geschafft und beide waren glücklich.

Diese Geschichte sagt uns: Nicht nur im Seniorenheim sollte
man mit älteren Menschen lachen.
Auch im Privatbereich ist es wichtig,
mit seinen Angehörigen Spaß zu haben.

Ich liebe meinen Beruf.

Die Straßenverkehrsverordnung

Auf unserer Station geht es manchmal zu wie auf einer Autobahn.
Wenn weder Essen noch Unterhaltung angesagt sind,
müssen unsere Bewohner*innen laufen, laufen, laufen.

Da gibt es die Läufer*innen mit den Rollatoren.
Sie sind ganz schön schnell unterwegs, wir müssen aufpassen,
dass sie uns nicht über die Füße fahren.

Zur Krönung kommen noch die Fahrer*innen mit den
Rollstühlen dazu.
Ja, da gibt es noch die Fußgänger, die zwischen den Rollatoren
und Rollstühle spazieren gehen.
Ihr könnt euch bestimmt vorstellen, dass es manchmal zu einem
Stau kommt (wie auf der A3).
Jetzt kommt noch die Kollegin aus der Waschküche mit ihrem
großen Wäschewagen um die Ecke geflitzt. Ich warte auf den Tag,
an dem ich mich unter dem Wäschewagen wiederfinde.
Ihr glaubt bestimmt, das war es jetzt?
Nein, nein, da kommt noch der Getränkewagen und der
Wagen mit der frischen Bekleidung der Bewohner*innen.

Jetzt wird es Zeit für meinen Einsatz:
Ich werde nun zur Verkehrspolizistin.
Ich sortiere nun die Rollatoren, die Rollstühle und die Fußgänger
so,
dass der Wäschewagen, der Getränkewagen und der
Bekleidungswagen zu seinem Ziel kommen, ohne einen Unfall.
Mein Gedanke war:
Ich gehe mal zum Chef und beantrage eine Gefahrenzulage, haha.
Meine Idee für die Zukunft wäre, eine *Straßenverkehrsverordnung*
auf unserer Station einzuführen.

Diese soll die folgenden Punkte enthalten.

Punkt 1:
Jeder Rollator bekommt eine Hupe.

Punkt 2:
Ein Zebrastreifen muss her, damit das Pflegepersonal gefahrlos die Flurseite wechseln kann.

Punkt 3:
An den Flurecken muss ein Straßenspiegel angebracht werden, damit die Wäsche- und Getränkewagen uns nicht umfahren.

Punkt 4:
Jeder Rollstuhl bekommt eine *Geschwindigkeitsbeschränkung*, mit einem Verkehrsschild, wo draufsteht, dass man nicht schneller als 10 km/h fahren darf.

Punkt 5:
Ein Parkplatz muss angelegt werden, damit die Rollatoren nicht kreuz und quer geparkt werden.

Ich habe noch viele Ideen.
Vielleicht beantrage ich sie bei meinem Chef (Spaß).

Ich liebe meinen Beruf.

Die Bekleidung

Hallo, liebe Leser*innen,
ich habe euch viele Geschichten über unsere
Bewohner*innen geschrieben.
Die nächste Geschichte liegt mir sehr am Herzen.
Es geht um die Bekleidung unserer Bewohner*innen.
Ich habe meinen Lieblingsdienst, Frühdienst!
Ich bin mit der Grundpflege einer Bewohnerin fertig,
jetzt muss ich sie anziehen.

Der Spätdienst hat schon vorgearbeitet und frische Bekleidung
für die Bewohnerin bereitgelegt,
(fand ich für meinen Geschmack nicht so schön).
Ich werde ja *Die bunte Frau* von den Bewohner*innen genannt.
Ich muss euch sagen. bei der Bekleidung bin ich ein Monk.

Mein Kleiderschrank ist nach Farben sortiert. Ich liebe es,
passende Farben anzuziehen, das möchte ich auch bei den
Bewohner*innen sehen. Ich sehe in den Kleiderschrank meiner
Bewohnerin, mir fällt eine grüne Hose auf.
Sie sagt zu mir: „Nimm mich bitte."
Suche jetzt noch ein passendes Oberteil
(ca. 15 Oberteile im Schrank).
Da leuchtet mich ein Oberteil an.
Ich denke: *Ja, das passt zur grünen Hose.*
Ich ziehe meine Bewohnerin jetzt an; sie sieht, meiner Meinung
nach, sehr hübsch aus.

Ich frage sie: „Meine Liebe, habe ich Sie nicht schön angezogen?"
Meine Bewohnerin antwortet:
„Ja." Sie strahlt und findet sich sehr schön.
Ich habe mein Ziel erreicht und eine Bewohnerin
glücklich gemacht.

Diese Geschichte zeigt, es ist wichtig, Bewohner*innen nett anzuziehen. Sie sollen sich schön finden und den ganzen Tag wohlfühlen.

Ich liebe meinen Beruf.

Der Mülleimer

Liebe Leser*innen,
in der nächsten Geschichte geht es um einen *Mülleimer*.
Ein *Mülleimer* spielte in der Grundpflege einer Bewohnerin
eine überraschende Rolle.
Ihr denkt bestimmt: Wieso ein *Mülleimer*?
Erklärung folgt:
Es gibt eine Bewohnerin, bei der ich die Grundpflege
in ihrem Bett machen muss.
Um sie gut zu versorgen, brauche ich einige Dinge am Bett.
Ich brauche eine Waschschüssel mit warmem Wasser,
einige Handtücher, Einwegwaschlappen, Handschuhe,
ein gutes Deodorant, ein Parfüm, welches sie gerne mag,
eine Haarbürste und natürlich den *Mülleimer!*

Ich beginne nun mit der Grundpflege in ihrem Bett.
Unsere Bewohnerin ist sehr schwerhörig. Das heißt,
wir werden von ihr angebrüllt.
Um ihr zu antworten, müssen wir dann zurückbrüllen.
Liebe Leser*innen, es ist nicht einfach, eine Bewohnerin
so anzuschreien, aber es bleibt uns keine andere Möglichkeit.

Also, nun zurück zum *Mülleimer*:
Der *Mülleimer* steht neben dem Bett, alle Verbrauchsmaterialien
während der Grundpflege schmeiße ich dort hinein.
Unsere Bewohnerin scheint den *Mülleimer* aus ihrem
Augenwinkel zu sehen und schreit mich an:
„Mülleimer, weg, weg, weg."
Ich schreie zurück: „Nein, den Mülleimer brauche ich."
Sie schreit wieder: „Mülleimer weg, weg."
Okay, ich gebe auf und schiebe den *Mülleimer* mit meinem
Fuß zur Seite.

Wir wissen bis heute nicht, was in ihrem Kopf vorging, als sie diesen *Mülleimer* sah. Es ist sehr schwer, demente Bewohner*innen zu verstehen.

Wir sind überzeugt, dass unsere Bewohnerin und der *Mülleimer* keine Freunde werden. Aber sorry, ich brauche ihn in der Pflege.

Ich liebe meinen Beruf.

Meine Auszeit

Hey Leute,
ich habe seit 5 Tagen keine Geschichte mehr geschrieben, das hatte einen Grund. 2019 kam dieser sch... Coronavirus.
Wir haben viele Bewohner*innen, die coronapositiv waren, in der Grundversorgung gepflegt, einige haben es nicht geschafft.

Wir hatten in unserem Seniorenheim dreimal die Corona-Phase.
Es war eine schlimme Zeit.
Viele meiner Kolleg*innen hatte es auch erwischt, nur mich nie.
Ich wurde schon Hexe genannt, weil ich mich nicht ansteckte.

Nun hatten wir in unserem Haus, September 2023,
wieder Corona.
Da die Bewohner*innen alle viermal geimpft wurden, war der Verlauf nicht so stark.

Jetzt hatte ich einen wohlverdienten Urlaub mit meinem Karl.
Wir hatten ein paar Tagestouren geplant, es kam aber anders, als wir dachten.
Am ersten Tag unseres Urlaubes gingen wir zu einer Comedy-Veranstaltung.
Am nächsten Tag ging es mir nicht gut.
Ich hatte Symptome einer Grippe, ich traute der Sache nicht und machte einen Coronatest. Bingo, nach dreieinhalb Jahren war ich nun auch positiv.

Mir ging es drei Tage wirklich nicht gut, ich scheine jetzt aber auf dem Weg der Besserung zu sein.
Gebt mir noch zwei, drei Tage, dann kann ich weiterschreiben.

Ich liebe meinen Beruf.

Der Entsorgungsraum

Hallo, liebe Leser*innen,
ich habe eine Woche keine Geschichte geschrieben, dank Corona.
Es geht mir jetzt so weit wieder gut.
Die nächste Geschichte ist verrückt.

Kennt ihr das Gefühl, wenn der Leistungspegel im Keller ist?
Ich hatte meine Lieblingsschicht, den Frühdienst.
Nach dieser Geschichte habe ich gedacht:
„Désirée, du brauchst Urlaub, eine Krankmeldung oder eine Kur."

Es geht also mit dieser schrägen Frühschicht los.
Ich gehe nun mit meinem Pflegewagen voller Elan
durch den Wohnbereich.

Wir haben einen *Entsorgungsraum*
(habe davon schon geschrieben).
Neben dem *Entsorgungsraum* sind auch
Zimmer von Bewohner*innen.
Die ersten Stunden meiner Frühschicht
hatte ich gut überstanden.
Jetzt wurde es aber schräg, irgendwie hatte mein
Gehirn eine Fehlfunktion.
Ich möchte Schmutzwäsche und Müll in den *Entsorgungsraum*
bringen, gut und schön, öffne die Tür und stelle entsetzt fest:
Ich stehe im Zimmer einer Bewohnerin.
Sie schaut mich fragend an und sagt zu mir:
„Schwester, wenn Sie einen Arm mehr hätten, könnten Sie auch
meine Zeitungen mitnehmen."
Ich sage zu ihr kleinlaut „Entschuldigung" und gehe
rückwärts hinaus. Ihr könnt es glauben, dasselbe passierte
mir dreimal in der Schicht.

Ich sagte zu mir: „Désirée, konzentriere dich jetzt bitte."
Schmutzwäsche und Müll bitte in den *Entsorgungsraum*.
Die nächsten zwei Stunden laufen echt super,
ich bin stolz auf mich.
Jetzt kommt die Mittagszeit mit der Essensausgabe.

Es läuft alles super und rund, bis zu dem Moment der Momente.
Ich lauf los, um einer Bewohnerin das Essen aufs
Zimmer zu bringen.
Ich stehe vor ihrem Zimmer, klopfe freundlich an, öffne die Tür
und sage beim Öffnen der Tür mit meiner liebreizenden Stimme:
„Mahlzeit, haha." Ich stelle entsetzt fest, dass ich mit dem Essen
der Bewohnerin im *Entsorgungsraum* stehe.
Jetzt bin ich mir sicher, dass ich keinen Urlaub und keine
Krankmeldung brauche, ich brauche 6 Wochen Kur, haha.
Die Geschichte zeigt mir: Wir sind alle nur Menschen, mit Ecken
und Kanten.

Ich liebe meinen Beruf.

Die Dekoration

Hallo, liebe Leser*innen,
auf jeder Station gibt es einen *Dekorationsbeauftragten*.

Der *Dekorationsbeauftragte* hat die Aufgabe, fünfmal im Jahr
den Wohnbereich und die Zimmer unserer Bewohner*innen
nach Jahreszeit entsprechend zu dekorieren.

Die *Dekorationsbeauftragten* machen es unseren Bewohner*innen
sehr schön. Meine schönste Dekoration ist natürlich die
Weihnachtszeit.
Der Weihnachtsbaum mit seinen Kugeln, überall
Weihnachtsfiguren,
frische Tannenzweige und überall Lichterketten.
Die Kolleg*innen möchten sich an dieser Stelle bei den
Dekorationsbeauftragten herzlich bedanken.
Ihr macht das sehr schön. Schluss mit den Komplimenten.

Jetzt kommt nämlich die *Dekorationskonkurrenz*.
Tut mir sehr leid, liebe *Dekorationsbeauftragte*, haha.

Da gibt es eine Bewohnerin auf Station Grün, sie ist groß, schlank
und immer in Bewegung.
Die Dekoration auf Station Grün hat für unsere Bewohnerin eine
magische Anziehungskraft.
Sie bedient sich an der Dekoration unserer
Dekorationsbeauftragten
und dekoriert damit ihr eigenes Zimmer (sieht natürlich toll aus).

Ich finde das super, sie macht alles richtig haha.
Es kommt aber noch viel besser, liebe Leser*innen.

Ich habe Frühdienst, bin gerade im Haus angekommen, stehe vor dem großen Aufzug (war zu faul, das Treppenhaus hochzugehen), drücke die Aufzugtür auf und meine Gesichtszüge scheinen zu entgleisen.

Der gesamte Fahrstuhl ist sehr schön dekoriert.
Der Handlauf mit Efeu und künstlichen Blumen geschmückt, künstliche Blumen im Topf auf dem Boden, fünf Flaschen Wasser daneben, ein Paket Tempotaschentücher mit dabei.
Ich stehe im Aufzug und genieße diesen Anblick.
Ich hatte einen Lachflash.
Ich wusste natürlich, welche Bewohnerin den Aufzug so schön dekoriert hat.

Tja, meine lieben *Dekorationsbeauftragten,* ihr habt jetzt richtige Konkurrenz bekommen. Ihr habt sehr schön dekoriert, aber seid mal ehrlich, hattet ihr jemals die Idee, den Aufzug zu dekorieren?

Ich liebe meinen Beruf.

Ich gehe bald wieder nach Hause

Hallo, liebe Leser*innen,
die nächste Geschichte, die ich euch erzählen möchte, behandelt
ein Thema, das uns Pfleger*innen regelmäßig beschäftigt.
Es handelt sich um Neueinzüge der Bewohner*innen.

Die Reaktionen der Bewohner*innen sind sehr unterschiedlich.
Wir sind aufgrund der Erfahrung in unserem Job auf alle
möglichen Varianten vorbereitet.

Es gibt neue Bewohner*innen, die verlassen ihr Zimmer
teilweise wochenlang nicht.
Es gibt neue Bewohner*innen, die machen die Zimmertür auf,
schauen rechts/links und schließen die Zimmertür wieder.
Bei diesen Bewohner*innen müssen wir Pfleger*innen
sehr viel Empathie einsetzen, um sie
behutsam in unserem Haus aufzunehmen.

Es gibt aber auch neue Bewohner*innen, die erkunden sofort
das ganze Seniorenheim und scheinen sich sofort
angekommen zu fühlen.

Aber was macht man mit neuen Bewohner*innen, die der
Meinung sind, dass sie morgen wieder nach Hause gehen?
Das ist für uns Pfleger*innen und unsere Bewohner*innen
ein größeres Problem.
Ein Bewohner, er ist mittlerweile acht Wochen bei uns, sagt uns
jeden Tag: „Schwester, ich gehe bald wieder nach Hause."

Liebe Leser*innen, ich frage euch ernsthaft:
Wie soll man immer wieder auf diese Aussage reagieren?
Tag für Tag, Woche für Woche, immer wieder die gleiche Aussage.
Mit den Angehörigen haben wir schon gesprochen.

Ich frage euch: Weiter Ausreden oder sollte man
die Wahrheit sagen?
Man möchte dem*der Bewohner*in ja nicht die Hoffnung
nehmen, er/sie muss bei uns bleiben und kommt nicht mehr nach
Hause (könnte ihn/sie ja verletzen).
Die Aussagen des Bewohners zu ignorieren,
ist für mich keine Lösung.
Wir entschließen uns zu einer Fallbesprechung
für diesen Bewohner.

Während der Fallbesprechung mit allen Pflegekräften und
Examinierten kommen wir zu folgenden möglichen Lösungen.

Wir sollten noch einmal mit den Angehörigen sprechen.
Wir möchten den Betreuungsdienst noch mehr ins Boot holen,
dass man ihm noch mehr Aufmerksamkeit gibt.

Wir werden in der Grundpflege das Thema Auszug vermeiden.
Wir müssen ihm sein neues Zuhause näherbringen.
Wir lassen seine Zimmertür offen, um ihn mehr in das Geschehen
im Haus einzubinden. Jeder, der vorbeigeht, soll eine kurze
Kommunikation mit dem Bewohner halten.

Ob der Bewohner letztlich bei uns ankommt, wird die Zeit zeigen.
Liebe Leser*innen, für viele Bewohner*innen ist es sehr schwer,
die gewohnte Umgebung zu verlassen.
Aber ihr könnt uns glauben, wir sind mit ganzem Herzen bei
unseren alten Leutchen und tun alles dafür, dass es ihnen
bei uns gut geht.

Ich liebe meinen Beruf.

Helfende Hände

Hey Leute,
die nächste Geschichte handelt von *Helfenden Hände*.

Jede*r Bewohner*in hat in unserer Einrichtung auf seinem/ihrem
Zimmer eine Notklingel.
Vor der Zimmertüre sind zwei Lämpchen. Wenn grün leuchtet,
ist alles okay, wenn ein*e Bewohner*in klingelt, geht das
rote Licht an.
Diese Klingel wird von den Bewohner*innen immer dann
betätigt, wenn sie Hilfe brauchen.
Sobald eine Klingel gedrückt wird, sehen wir ein rotes Licht und
wir Pfleger*innen sind dann ganz schnell bei dem*r Bewohner*in,
um ihm*r zu helfen.

Die Hilfe ist sehr unterschiedlich.
Ein*e Bewohner*in braucht Unterstützung beim Toilettengang,
einem*einer Bewohner*in ist etwas auf dem Boden gefallen,
ein*e Bewohner*in möchte gerne andere Schuhe anziehen,
ein*e Bewohner*in hat Langeweile, ein*e Bewohnerin wollte
nur wissen, ob die Klingel noch geht, oder es wird behauptet,
dass sie nicht geklingelt hätte usw.

Eine Bewohnerin hat die Klingel nie benutzt.
Sie hatte ihre persönliche Klingel. Ihr fragt euch jetzt
persönliche Klingel?
Sie rief immer: „*Helfende Hände.*"
Nicht ein-, zwei- oder dreimal in der Schicht, nein,
die ganze Schicht.
Immer wieder rief sie: „*Helfende Hände.*"
Zu Hause angekommen (die *helfenden Hände* hatte ich noch
im Kopf), setzte ich mich in meinen Benz-Sessel und wollte
mich einfach entspannen.

Plötzlich vernahm ich aus einem unserer fünf Zimmer
Bohrgeräusche und hörte meinen Karl rufen:
„Schatz, ich brauche Hilfe."
Nein, das kann doch nicht wahr sein, jetzt braucht schon mein
Mann *helfende Hände* (er hing einen Spiegel auf).
Ich musste jetzt herzhaft lachen.
Einen Tag später auf der Arbeit erzählte mir eine
Kollegin ihre Geschichte.
Ihre Enkeltochter war zu Besuch, hat im Garten gespielt und rief:
„Oma, ich brauche *helfende Hände*."
Wir schauten uns an und waren beide der Meinung, helfende
Hände sind unbezahlbar.

Ich liebe meinen Beruf.

Gerda

Bei der nächsten Geschichte geht es um unsere Namensschilder.
Alle Pfleger*innen haben ein Namensschild gut
sichtbar angebracht.

Auf meinem steht *Désirée Weissenfeld,*
Pflegeassistentin Seniorenheim ...
Diese Schilder sollen allen Bewohner*innen helfen, eine Bindung
zum Personal zu bekommen, ob geistig fit oder dement,
sie sollen immer wieder den Namen lesen.
Da es wechselndes Personal gibt, soll das Schild auch
den Angehörigen helfen, uns besser kennenzulernen
und anzusprechen.

Es gibt eine Bewohnerin, wenn sie mich sieht, ruft sie immer:
„Gerda, kannst du mal zu mir kommen?"
Ich gehe dann zu ihr und versuche, ihr zu erklären, dass ich
Désirée heiße.
Sie schaut mich an und sagt: „Aha?"
Ich zeige ihr mein Namensschild, sie schaut mich wieder an und
sagt dann: „Wie, du bist Désirée Nosbusch?"
Ich antworte ihr: „Nein, nein, meine Liebe."
Sie schaut mich wieder mit einem Lächeln an und sagt:
„Gott sei Dank, also doch Gerda."
Jetzt schmeiße ich das Handtuch und gebe auf.
Dann heiße ich ab sofort für diese Bewohnerin Gerda,
trotz Namensschild.

Ich habe vor Neugier den Namen Gerda einmal gegoogelt.
Gerda bedeutet *die Beschützerin.*

Was soll uns diese Geschichte sagen?
Alle Pfleger*innen sollten Gerda heißen, denn wir sind alle Beschützer*innen.

Ich liebe meinen Beruf.

Die Weihnachtszeit

Liebe Leser*innen,
es ist Anfang November, wir sind jetzt kurz vor
der Weihnachtszeit.
Die Weihnachtszeit ist für uns Pfleger*innen die emotionalste
Zeit. Die Vorbereitungen laufen auf Hochtouren.

Wenn es dann so weit ist, werden Plätzchen gebacken.
Der Duft der frischen Plätzchen zieht durch die Stationen. Überall
leuchten Weihnachtsketten, auf jeder Station steht in voller
Pracht ein wunderschön geschmückter Tannenbaum, alle Tische
sind mit weißen Tischdecken bestückt und sehr schön dekoriert.
Auf den Fensterbänken liegen frische Tannenzweige, überall
blitzen bunte Weihnachtskugeln
und es ertönt auf allen Stationen leise Weihnachtsmusik.
Alle Pfleger*innen haben Weihnachtsmützen angezogen.
Bei den Bewohner*innen sieht man ein Leuchten in ihren Augen.

Viele Bewohner*innen haben noch Angehörige.
Sie werden von den Angehörigen mit nach Hause genommen und
verbringen eine schöne Zeit mit Essen im Kreise der Familie oder
machen einen Besuch auf dem Weihnachtsmarkt. Wenn sie
abends ins Seniorenheim zurückgebracht werden, sieht man ein
Strahlen in ihren Gesichtern.

Leider haben wir auch Bewohner*innen, die keine
Angehörigen mehr haben.
Keiner holt sie zum Essen nach Hause und sie bekommen
keinen Besuch mehr.
Auch bei diesen Bewohner*innen haben wir
Pfleger*innen uns vorgenommen, mit ihnen eine schöne
Weihnachtszeit zu verbringen.

Wir arbeiten mit dem Betreuungsdienst eng zusammen und verbringen mit den Bewohner*innen, die keine Angehörigen mehr haben, viel Zeit.
Wir singen mit ihnen Weihnachtslieder und bieten ihnen auch ein Tänzchen an.
Der Betreuungsdienst bastelt mit den Bewohner*innen schöne Weihnachtsdekoration, liest Weihnachtsgeschichten vor oder spricht mit den Bewohner*innen über ihre vergangene Weihnachtszeit.

Ob wir die Herzen unserer Bewohner*innen erreichen, können wir nicht beurteilen, aber das Leuchten in ihren Augen und ein Lächeln geben uns Hoffnung.

Ich liebe meinen Beruf.

Der Ausgang

Hallo, liebe Leser*innen,
die nächste Geschichte betrifft den Frühdienst
(ich widme sie dem Spätdienst).

Lieber Spätdienst,
ihr könnt jetzt mal lesen, was es heißt,
pünktlich Feierabend zu machen.
Die Station zu verlassen kann schon sportlich sein.
Ich fange mal von vorne an.
Jede Station hat einen großen Aufzug, einen kleinen Aufzug
und zwei Türen, die ins Treppenhaus führen.
Diese Türen sind mit Folie beklebt, damit demente
Bewohner*innen sie nicht als Türen erkennen, damit diese
Bewohner*innen nicht ins Treppenhaus gehen.
Wir kommen nun zum Frühdienst. Ein*e Kollege*in nimmt den
kleinen Aufzug, der/die andere nimmt den großen Aufzug,
manche*r benutzt das Treppenhaus. Wir kommen also stressfrei
auf die Station. Nun, wartet mal ab, um 13.15 Uhr sieht das etwas
anders aus, haha.
Es ist nun 13.00 Uhr, der Frühdienst ist fast vorbei, alle
Bewohner*innen
sind versorgt. Die meisten Bewohner*innen liegen zum
Mittagsschlaf im Bett.
Es gibt aber demente Bewohner*innen, die nicht schlafen wollen,
sie wollen auch nicht in ihrem Zimmer bleiben, was machen sie?
Sie laufen ziellos durch die Station!
Wir Pfleger*innen haben die Übergabe zum Spätdienst gemacht,
jetzt scharren wir mit den Füßen, warten auf die Ansage unserer
Fachkraft: „Ihr könnt jetzt nach Hause gehen."
Stellt euch einen Bienenschwarm vor. So sieht es aus, wenn wir
Feierabend machen wollen. Wir rennen zum großen Aufzug; in

diesem Moment kommt uns ein dementer Bewohner entgegen, er schaut uns erwartungsvoll an und geht nicht weiter.

Wir können nun diesen Aufzug nicht bedienen. Warum? Demente Bewohner*innen sollen nicht sehen, wie man einen Aufzug benutzt, damit sie nicht lernen, einen Aufzug zu bedienen.

Wir entscheiden uns, zum kleinen Aufzug zu laufen. Da kommt die nächste demente Bewohnerin auf uns zu, wir warten.

Jetzt entscheiden wir uns, die Station über das Treppenhaus zu verlassen.

Wir stehen vor der folierten Türe, schauen links und rechts, kein*e Bewohner*in zu sehen, wir reißen die Türe auf und verschwinden im Treppenhaus.

Mittlerweile sind 10 Minuten unserer Feierabendzeit vergangen. Hallo, lieber Spätdienst, ihr habt es gut. Wenn ihr Feierabend habt, liegen alle Bewohner*innen in den Betten und schlummern vor sich hin.

Ihr könnt stressfrei die Station verlassen, ohne verfolgt zu werden.

Ich liebe meinen Beruf.

Der Aufzug

Hey Leute,
in der nächsten Geschichte geht es noch einmal um
unsere beiden Aufzüge.
Wir haben einen kleinen und einen großen Aufzug.
Mit dem großen Aufzug geht es für Bewohner*innen
im Rollstuhl von der ersten, zweiten und dritten Etage in den
großen Speisesaal.
Dort finden das Frühstück, Mittagessen, Kaffee und Kuchen,
Bingospiel, Bastelrunden, Singen mit den Bewohner*innen und
Veranstaltungen jeglicher Art statt.

Im großen Aufzug kommen der Frühstückswagen, die
Wärmewagen für das Mittagessen, der Wäschewagen und – sehr
wichtig – der Krankentransport der Bewohner*innen. Dieser geht
nur über den großen Aufzug.

Zweimal habe ich es erlebt, dass der große Aufzug defekt war.
Das ist die ultimative Katastrophe.
Der Notdienst für den Aufzug kann 24 Stunden dauern.
Vieles muss nun über das Treppenhaus transportiert werden.

Der kleine Aufzug wird nun permanent überlastet.
Die Bewohner*innen, die noch mobil sind, stehen Schlange am
kleinen Aufzug. Das gesamte Personal ist nun im Dauerstress,
wir müssen die Bewohner*innen beruhigen, sie haben
natürlich keine Geduld.
Die nicht mobilen Bewohner*innen müssen jetzt auf der Station
essen und immer wieder die Frage der Bewohner*innen:
„Warum können wir nicht runter in den Speisesaal?"
Und wieder Bewohner*innen beruhigen.

Liebe Leser*innen,
ihr könnt euch den Stress sicher vorstellen
(unser Haus hat über 100 Bewohner*innen).
An dieser Stelle möchte ich mich bei unseren Küchenperlen für
ihren Einsatz herzlich bedanken, Respekt für eure spontane Hilfe.

Ich liebe meinen Beruf.

Nachwort

Liebe Leser*innen,
ich hoffe und wünsche mir, dass ich mit meinem Buch
euer Interesse an der Pflege geweckt habe und euch
einen Einblick in den Beruf der Pflegeassistentin geben konnte.
Habt ihr die schönen Seiten der Pflege durch mein Buch
kennengelernt? Wenn ja, habe ich mein Ziel erreicht.

Ich möchte mich bedanken,
bei meinem Mann, der mich von Anfang an bei meinem
Buch unterstützt hat.
Bei meiner Kollegin, die mich motiviert hat,
dieses Buch zu schreiben.
Und bei einer lieben Person, die mich bei jedem Wort und jeder
Zeile begleitet hat.

Ich liebe meinen Beruf.
Eure Désirée

EIN HERZ FÜR AUTOREN A HEART FOR AUTHORS À L'ÉCOUTE DES AUTEURS MIA KAPΔIA ΓIA ΣΥΓΓΡΑ
ἩΑRTA FÖR FÖRFATTARE UN CORAZÓN POR LOS AUTORES YAZARLARIMIZA GÖNÜL VERELIM SZÍV
CUORE PER AUTORI ET HJERTE FOR FORFATTERE EEN HART VOOR SCHRIJVERS TEMOS OS AUTOI
HERZÖINKÉRT SERCE DLA AUTORÓW EIN HERZ FÜR AUTOREN A HEART FOR AUTHORS À L'ÉCOUT
CORAÇÃO BCEЙ ДУШОЙ K ABTOPAM ETT HJÄRTA FÖR FÖRFATTARE Á LA ESCUCHA DE LOS AUTOR
AUTEURS MIA KAPΔIA ΓIA ΣΥΓΓΡΑΦΕΙΣ UN CUORE PER AUTORI ET HJERTE FOR FORFATTERE EEN H
YAZARLARIMIZ GÖRÖINKÉRT SERCE DLA AUTORÓW EIN HERZ FÜR
FOR SCHRIJVES ÃO BCEЙ ДУШОЙ K ABTOPAM ETT HJÄRTA FÖR

Die Autorin

Désirée Weissenfeld wurde 1964 geboren und verbrachte ihre Kindheit in verschiedenen Kinderheimen und bei Pflegefamilien. Nach ihrer Heirat im Alter von 18 Jahren brachte sie drei Kinder zur Welt. Es folgte ein eineinhalbjähriger Aufenthalt in einem Frauenhaus, bevor sie ihren zweiten Mann Karl kennen und lieben lernte, der sie beim Schreiben dieses Buches tatkräftig unterstützt hat. Heute lebt sie in Linz am Rhein, südlich von Bonn, und hat endlich im Seniorenheim ihre Erfüllung gefunden. Es macht sie glücklich, älteren Menschen in ihrem letzten Lebensabschnitt helfen zu können. Sie liebt es, andere Menschen zum Lachen und ihre Empathie zum Ausdruck zu bringen.

„Mein Abenteuer als Pflegeassistentin in einem Seniorenheim" ist ihre erste Veröffentlichung im novum Verlag.